親職教育：父母心・師生情

【蘇愛秋 著】

作者簡介

蘇愛秋老師生於一九三四年，自小學琴並隨父習畫，稍長改修聲樂，偏好藝術。一九五七年投入幼教工作，歷四十年。平日精力充沛，自喻有「五歲童心，二十三歲體力，六十五年人生經驗」。學習新事物、接受工作挑戰，視爲快樂與享受。後二十六年以來，更進一步爲追求教育理想、維護兒童尊嚴、推展親職教育而奮鬥。同時多次遊學美、英、義、韓、日等國及大陸上海，與當地幼教專業機構進行經驗交流，接觸各方幼教理念精髓，期能自我充實。蘇老師亦曾到英國愛默生學院專修幼兒教育。

蘇愛秋老師曾在台北市及國立師專（師院前身）擔任多年夜間部兼任教師，由於理論與實務相互結合，深受學生歡迎。她一生的教育都建立在「愛」的基礎上，認爲教育如果缺乏愛，就不能視爲教育。近二十年來，在海內外宣揚「親職教育」，點醒了不計其數的家長及老師，感動了不少曾經暴力相向的家庭，不但贏得家長的感激，也贏得了教育界的掌聲。

主要經歷：

◆一九七一年，率先在臺北市私立幼幼托兒所實驗「開放教育」。

◆一九七六年，在北師附幼實驗「親職教育」推行家長參與。

◆一九七七年，出版《幼兒語文教材教法》、《感官與數的概念遊戲》，由信心出版社出版。

◆一九八〇年，在政大實幼致力推行「開放教育」及「親職教育」。

◆一九八〇至一九八八年，擔任臺北市立及省立師專（現改爲師院）兼任講師。

◆一九八三至一九九一年，撰寫《兒歌讀本》、《看圖唸兒歌》、《動腦圖書》、《說唱兒歌》等十多本書，由華人基金出版社出版。

◆一九八六年，完成《幼稚園托兒所親職教育》，信誼基金會出版。

◆一九八九年，完成《幼稚園統整教育研究報告》，由政大實小出版，列爲改進教學研究叢書。

◆一九八九年，獲頒臺北市立師範學院學術類傑出校友獎。

◆一九九四年，榮獲教育部表揚爲優秀公務人員。

◆一九九五年，榮獲教育部頒發「張雪門先生幼稚教育研究獎」。

◆一九九六年，於政大實幼退休。退休後即擔任臺北縣市公私立幼稚園評鑑委員。

◆一九九六至一九九七年，應邀赴馬來西亞、新加坡講學，並擔任親職教育講座。

◆一九九七至一九九八年，擔任臺北市文山區公辦民營托兒所顧問、中國幼教學會理事、臺北市公私立幼稚園評鑑委員，及臺北市社會局委託文化大學舉辦之托兒所所長在職進修講師。

- 一九九七年，於中永和幼教聯誼會主辦之教師研習會主講「開放教育理念與實踐」。
- 二〇〇二至二〇〇三年，擔任臺北市私立格林菲爾兒童學校校長。
- 二〇〇二年至今，擔任中國幼稚教育學會祕書長。
- 二〇〇二年，擔任嚴寬祜文教基金會親職教育講師。
- 二〇〇三年，擔任基隆市私立資優幼稚園顧問。

自序

幼教生涯歷經四十個寒暑，伴隨孩子們的金色童年，享受那如陽光般燦爛的笑容、豐富且稚氣的肢體動作，也協助許多孩子改善叛逆、膽小、過動、依賴、說謊、偷竊、自閉、厭食或挑食等偏差行為，無形中多了一份使命感，鞭策自己不斷為輔導工作而努力。

退休後這六年，除了寫作，便是受邀參與幼教老師在職進修講師及親職教育講座等，因而結交了許多年輕老師及家長，似乎比以前更忙碌。每當老師及家長帶著挫折與焦慮的心情找筆者懇談，眼看他們帶著信心離去，更使筆者體會生命價值與在職成長的重要。筆者自知才疏學淺，為求藉由理論來支持實務，必須大量閱讀有關書籍或出國遊學，以免因理念不足而影響判斷力。許多個案發生在家庭，也可能發生在學校，所以輔導工作必須親師雙方共同努力，才能奠定孩子健全人格的發展。

「沒有播種那有機會發芽！」零到一歲正是潛能播種期，因為嬰幼兒心靈有如軟土，可塑性極強，必須及早受到優質的關愛，注入親密愛語，與孩子心靈交會，方能逐漸讓孩子產生歸屬感與信賴感。一旦邁入二至三歲的潛能塑形期，才會充滿好奇心，引發強烈求知慾與敏感的觀察力，使幼兒對有生命的事物產生無比興趣，也更能體會愛與被愛的喜悅。四至六歲以後，視神經開始發達，喜愛

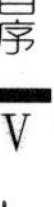

模仿、奔跑、吼叫，若出現偏差行爲應予以導正。筆者以自己女兒初爲人母爲例，寫出女兒從懷孕到孩子出生至一歲計二十四篇「親職教育」專欄，探討如何在幼小生命中播下藝術種子，啓發其潛在能力。這些文章都將一併放入這本書中。本書名爲「親職教育：父母心・師生情」，意味著父母愛子女和老師愛學生的心情是一樣的，親師雙方都必須及早了解嬰幼兒成長過程、應如何教育，這對往後孩子的性格及習慣養成、潛能之啓發等，均具有關鍵性影響。書中每一個案，都秉持「不責備、不埋怨、不體罰」三大原則來輔導，在尊重孩子們人格尊嚴前提之下，以「愛」爲出發點，方能確保孩子的自尊心，也唯有如此才能贏得孩子信賴與尊敬，讓孩子心甘情願地自我糾正其偏差行爲，成爲身心健康的好兒童。

回想四十二年前筆者初爲人母時，因爲工作繁忙，孩子如果哭鬧，也會心煩而苛責，結果哭鬧情形一再出現。最後只有耐著性子與孩子溝通，方豁然發現孩子思考模式及價値觀與成人差異極大，當孩子委屈地細訴原由，句句如尖針般刺進我這初爲人母的內心，深刻體會成人往往因缺乏耐心與忙碌而錯過與孩子的親密時光。所幸知過即改，不但挽回親子情愫、改善了親子關係，隨著孩子的成長，濃郁的愛也隨之日增。如今筆者與外子享受子女溫情，內心眞是對上蒼充滿感恩。女兒女婿不時在電話中噓寒問暖，也常回來促膝談心，或帶兩老出國旅遊。兒子也會利用休假帶我們逛街、看展覽，沿途呵護備至。能有今日，自然不忘感謝外子功勞，他默默付出，扮演著身教角色；在子女眼中，媽媽是爸爸的最愛。餐桌上常不忘提醒子女：「這是媽媽喜歡吃的。」以前下班回來第一句話是：「媽媽呢？」然後便關心地問：「今天開不開心？」現在則時常問：「今天忙不忙？」言詞中充滿深情與關懷，也意味著媽媽在家中的份量，孩子因而對筆者更加尊重。一家人在和樂中隨著孩子的成長各有成就，了無遺憾。

經營事業需要努力，經營家庭幸福更需要努力，願天下父母及老師們，面對孩子教育有挫折時，要能視爲對個人耐性的考驗，如能進一步視挫折爲必經的功課，相信，您會帶領孩子邁向成熟，教育成果指日可待。

最後，希望本書能幫助老師及家長們，在輔導孩子個案上有所幫助。更希望在輔導的同時能多一份省思，畢竟教育是一種藝術，惟有用心才能得心應手。願讀者們能和筆者一樣，享受被孩子溺愛的幸福，還可從孩子身上賺回青春。

寫這本書的目的，只是想和所有幼教老師及所有家長共同分享輔導孩子個案的經驗。在此特別謝謝心理出版社願意付梓，也謝謝兒女及女婿平時對我的關懷，以及小外孫爲我帶來無窮的樂趣。更要謝謝我的外子，在人生歷程中爲我的付出。

目錄

嬰兒成長篇

女兒的「B」計畫

～輕鬆愉快迎接小寶貝～

女兒和女婿婚後共同擬定了生涯規畫。第一個計畫是——「逍遙遊」，他們利用寒暑假到國內外度假旅遊。三年後，開始了第二個計畫，女兒稱它為「B」計畫，就是準備要生小寶寶的意思。不料連續七年的努力，歷經三次懷孕都沒有成功，女兒開始對懷孕失去了信心。所幸有個親友介紹了一位資深中醫，經把脈結果，醫生認為是子宮太寒，不易保住孩子，必須調養，而且不宜太勞累。全家開會商量之後，女兒決定辭去工作，安心在家調養再努力「做人」。三個月以後，醫生宣布女兒可以開始懷孕了。女兒在半信半疑中，不到兩個月，果然「有」了。

女兒完全遵照醫生指示服藥、安胎，再定期到某大醫院產檢。懷孕期間，女兒律己甚嚴，凡是會影響胎兒健康的食物、電視、電影、公共場所等，都盡量避免。女婿在某大學教研所任教，和筆者的教育理念也早有共識，他認真的大量閱讀和懷孕期有關的書籍。有一天，他對女兒發表他的心得：「老婆懷孕時，老公的第一個任務就是讓老婆開心。」看著夫妻倆每次回來時一臉幸福的模樣，筆者也深感「孩子們的幸福」就是回

報父母最大的禮物。而外子因為即將當外公，內心也興奮無比。我們全家都以輕鬆愉快的心情，等待小寶寶的到來。

筆者個人相信，嬰兒在母體內，應是屬於靈性與精神上的生命。依「自然學習原則」，胎兒學習的本能，其心靈意識與母親喜怒哀樂等情緒的起伏皆有密切的關係，過度憂慮、易怒等，都將成為孩子基因的一部分。一個快樂的母親，才能孕育出快樂的孩子。我們期待著……

跟胎兒說話

女兒懷孕以後，筆者便跟女兒說：「母親應該要多和胎兒溝通，尤其是母親的聲音對孩子來說是最美的，多唱歌給孩子聽。」平時就很能哼哼唱唱的女兒，每天一首接一首輕聲吟唱，聲音輕柔、活潑而自然，十分悅耳。筆者還建議女婿在夜深人靜時，一面撫摸著妻子的肚子，一面跟胎兒說些愛語、念詩歌，或唱任何歌曲都可以。女兒曾經疑惑的問：「孩子隔著肚皮，他能聽得見嗎？」筆者回答：「只要妳聽得見，妳肚子裡的寶貝一定聽得見。」女兒莞爾的「喔」了一聲，似乎覺得不可思議。

胎兒滿兩個月時，女婿便開始跟肚子裡的寶寶說話，偶爾還唱歌給小寶寶聽，雖然他的歌聲被女兒形容成「好難聽喲！」但是，卻是發自內心的真情，尤其是喃喃愛語，讓女兒感到十分窩心。女婿是個非常孝順、明理又有責任感的青年，從女兒懷胎兩個月，直到要生的前一天，無論再忙、再累，每晚絕不會放棄跟寶寶說話或打趣、談天……持續到第五個月的時候，有一天，女婿驚訝的發現：肚子裡的小寶寶對他的喃喃愛語似乎有了反應。當他撫摸著女兒的肚子，對裡面的小寶寶說：「小寶貝！我是你的爸爸，我在跟你說話，我好愛你，你

聽到了嗎？」女婿的手掌心突然被肚子裡的小東西踢了兩下，女婿開心得不得了，直說：「真的！他用肢體動作跟我說話耶。」

女婿的表現，不僅為自己帶來驚奇，也使家庭充滿溫馨與歡笑。這對年輕人讓筆者十分感動，他們對生命是多麼的珍惜！在下一代尚未出世的時候，就已付出最大的努力——愛、責任與義務。

孕育小生命的建議

孩子的孕育，除了先天性的基因（如遺傳）、天地之氣（空氣的汙染）等較無法抗拒以外，食物的營養成分、孕婦的情緒與胎教，都必須靠人為的努力來經營。眾所周知：刺激性食物、性寒的生冷食物，以及過度偏食，均會對胎兒的生理層面造成不良的影響。這一部分只要「忌口」就可以辦到，較困難的則是情緒部分。孕婦比一般人更容易多愁善感，而孕婦的脾氣如果暴躁、悲觀，都將成為孩子未來生命的一種特質。所以孕婦懷孕時，做先生的唯有體貼、包容，用幽默的思考模式來幫助妻子共同走過孕育小生命的歷程，才能讓孩子擁有身心健康的未來，同時也為自己、為社會，培育健健康康的下一代。

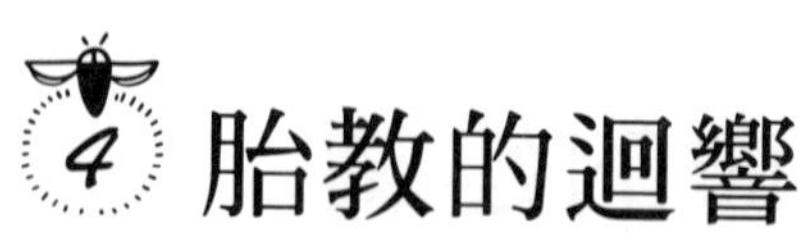

4 胎教的迴響

爸爸用心・寶寶回應

女兒懷孕期間，女婿每天晚上睡覺以前，從來不會忘記與胎兒說話：「小寶貝！我是你的爸爸！你吃飽了沒？睡醒了沒？你在運動嗎？你要愛媽媽呵！媽媽懷你好辛苦，不要亂踢，媽媽會不舒服，你知道嗎？……」有時候，女婿會為小寶貝唱歌、說故事。直到第六個月到來，胎兒竟然對爸爸的用心有了回應。有一天，女婿一進門就興奮的告訴筆者：「媽！我手掌心貼近恂如肚子的右邊，跟小寶寶說話時，小寶貝竟然在我手掌心上動了幾下。我撫摸左邊，小寶寶就在左邊動了幾下，好像對我說：『爸爸！我聽到了！』」女婿臉上燦爛的笑容，充滿了成就感，內心那份即將作爸爸的喜悅，洋溢在臉上。筆者和老伴兒也感染了那份喜悅。

媽媽體貼・寶寶貼心

胎兒每天聽到同樣的聲音，腦波接收到同樣的訊息，漸漸與熟悉的聲音產生共鳴，也就很自然的用肢體語言和熟悉的聲音「對話」。因此，女兒常為肚子裡的孩子輕唱著許多兒時歌

曲、早期情歌，或撫摸著肚子跟胎兒說話。當胎兒一陣亂踢時，女兒會說：「小寶寶！你不舒服嗎？還是在裡面作運動？可不可以輕一點兒？媽媽會不舒服喲！」小寶寶竟然立刻平靜下來，而且屢試不爽。有時候，當女兒坐著看書的時候，小寶寶大概因為不舒服，又踢了起來，女兒警覺到便會馬上放下書本，站起來讓自己的身體作前後擺動，幫助小寶寶一起作作運動，還一面用手不斷地在肚子上作順時鐘畫圓圈的愛撫，小寶寶也會馬上安靜下來。這樣的迴響，帶給了初作父母的爸爸媽媽無比的興奮。

爸爸媽媽細說愛語

前三個月，胎兒腦神經正在成長，在肚子裡孕育的小生命，會與父母的情緒產生共振，成為孩子未來生命的一種特質。唯有父母不斷與胎兒細說愛語，才能與胎兒產生心靈交會的感覺。女兒和女婿所作的努力，會不斷在感動中與寶寶相呼應，在呼應中親子間自然建立一種微妙的情愫。每回聽到他們告訴筆者的林林總總，都使將作新鮮外婆的筆者，因為他們的用心而動容。正因為如此，才促使筆者不斷為他們的每一分耕耘而寫作，留下孩子生命的軌跡與讀者分享。

5 音樂・藝術和搖椅

前兩天陪著女兒去醫院作產前檢查，照超音波的結果，醫生說是個男孩。回來以後，女兒疑惑的說：「會不會是醫生錯看了寶寶的手指頭？幾個中醫把脈都說是女的。」女婿也說：「是啊！突然變成男的，好像女兒被人偷換的感覺。」每個人都感到十分意外。

無論如何，我們要做的，是讓胎兒在母體內感到快樂。筆者建議女兒利用靜態作息時間，聽聽巴哈或莫札特的音樂，看看優美的畫作，或為寶寶念念小詩、短文，或看些散文、古典文學等，一方面可以藉此打發時間，一方面可以讓自己心情放鬆，又可內化孩子的心靈世界，使孩子未來個性或脾氣比較溫和，對文學容易感到親切而不會排斥。女兒既然已辭去了原本公家機構副主管的高薪工作，自然會有心挪出時間進行以上修心養性的活動。

寶寶受到幾個月藝術及文學的薰陶，果然胎動情形緩和了許多。閒暇時，筆者陪著女兒逛街、逛畫廊。有一天，女兒想買幾張有魅力又帥氣的影星劇照，想藉此有利於胎教。結果一張一張評選的結果，女兒不是嫌脂粉氣太重，就是缺少一點兒氣質。於是筆者說：「乾脆多看自己的老公，既有文人氣質，

又純真可愛。」女兒聽了便笑說：「媽！您真是標準的丈母娘看女婿，愈看愈有趣。」其實，筆者倒認為相由心生，只要自己保持美好心情，必能生個快樂寶寶。

為了讓寶寶在腹中得到適當的運動，筆者提議買張傳統的搖椅，讓女兒坐著搖，寶寶可以跟著晃動，有利於平衡感的培養。為了這個目標，全家出動跑遍臺北市內和郊區，都買不到心目中的搖椅，最後終於買了一張差強人意的回來。老伴兒還曾怪筆者，一句話就讓大家忙翻天。不料，搖椅搬回家了，最常去坐那張搖椅的卻是老伴兒。有一天，筆者調侃他說：「搖椅上坐的可是剛出生的老 Baby？」他回答說：「是啊！老 Baby 坐搖椅才不會得老人癡呆症啊！」

6 讓音樂及早注入孩子的生命中

孕婦在懷孕的過程中，若能每天聽古典音樂，不但可以陶冶自己的心情，對寶寶也有潛移默化的作用。因為巴哈音樂中充滿數學與抽象思考的轉換，非常自然，看不見，卻能感受其宏偉的效果。學數學不在於夠不夠聰明，而在於專注力夠不夠。巴哈音樂便是培養專注力最好的陶冶。莫札特的音樂充滿快樂、天真、童趣、樂觀的情懷，對寶寶心靈陶冶更是有幫助。如果孕婦沉迷於看電視，將來孩子對電視特別喜歡，對電視以外的事物會比較難以接受；而每天吵架、罵人的父母，更不要期望生下來的孩子會有好心情、好脾氣了。

7 潛意識教育

潛意識教育必須以愛為基礎，父母溫婉的愛語聲，對嬰兒有緩和情緒的作用。懷孕時，夫妻倆每日跟胎兒說話，傳遞愛的訊息，他們的聲音能滲入胎兒的潛意識層，進而影響孩子未來的語言發展。懷孕時如果不斷地欣賞優美的音樂，例如：猶如母親在耳邊低語的大提琴，給予胎兒安詳沉穩、厚實與溫暖的力量；祥和輕柔的豎琴、節奏感清晰的鼓聲，能使胎兒在成長過程中的腦波，呈現穩定的發展。潛意識的涵養，會成為往後孩子深層的記憶。所以筆者個人相信，當孩子出生以後，母親以母乳餵哺時，孩子吸奶的毅力與父母「早期的努力」不無關係。

8 孩子有驚人的毅力

產前衛教課程

女兒的預產期適逢大學部放暑假，女婿陪著女兒一起去醫院上「拉梅茲」產前衛教課程。透過研習班，做先生的才有資格陪妻子進產房，協助妻子運用呼吸的均勻吐納，來幫助產程順利。女兒每次回來，都會向筆者誇耀他老公好棒，衛教課程學得有多麼認真，眉宇之間充滿幸福之情。

寶寶出生了

八十八年七月中旬午夜，女兒終於順利自然生產，產下體重三千三百九十公克，身長五十公分的男嬰。接生的醫生第一句話是：「這孩子很漂亮，鼻梁很挺。」護士小姐說：「小娃娃皮膚好紅，將來皮膚會很白。」女兒已精疲力竭，只是迷迷糊糊地看到孩子肚子上一片紫色，不禁緊張卻又有氣無力的問醫生：「怎麼肚子有這麼大塊的胎記呀？」醫生笑著說：「不是！不是！是紫藥水。」疲憊的女兒，才放心的闔眼休息。

餵奶甘苦談

女兒開始試著自己餵奶，因為懷孕時沒有作乳房的按摩護理，導致乳腺阻塞不暢，孩子吸不出乳汁；雖然使用擠奶器，但仍效果不彰。女兒邊餵邊鼓勵：「寶貝加油！你要合作才有奶吃，我知道你很辛苦，但是媽媽需要你幫忙。」小寶寶好像聽得懂一樣，又使盡全力吸奶。女兒不斷地鼓勵，寶寶不斷地用力吸，累了就愁眉苦臉的哼兩聲。女兒耐心不斷地愛語鼓勵，寶寶總是再接再厲，每次都要奮戰一小時以上，直到小寶寶累得精疲力竭，垂頭喪氣低下頭，好像睡著了一樣。寶寶始終沒有大聲哭嚎，似乎顯示出對母親的體諒，直到奶瓶湊到他嘴邊，他才如同「春到人間，百花齊放」，頓時展現出無比強大的生命力，一下子把奶瓶裡的牛奶吸得精光。聽著女兒描述餵奶的情形，讓筆者十分感動。不到一個月的嬰兒，卻顯現出猶如巨人般的耐力與毅力，實在教人又愛又憐，也使作外婆的筆者，不禁對他肅然起敬，深深體會孩子生存本能的無限潛能。

呢喃愛語創造親子好心情

每次餵奶時，女兒都不斷地呢喃著愛語，或哼唱著貝多芬命運交響曲，這引起了育嬰室裡媽媽們的注意與好奇。多人向女兒探詢之後，知道跟嬰兒說話或哼唱，可以促進孩子的語言發展，以及陶冶好性情……結果，原本媽媽們餵奶都面無表情，無聊的餵著奶，自從認知到這個新觀念，整個育嬰室開始聒噪了起來，愛語聲、哼唱聲，輕柔委婉地圍繞在每個孩子的身邊。育嬰室裡的每一個角落，都變得溫馨起來。

營造溫馨的家庭氣氛

時下太多為人父親者，為了工作或事業忙碌，忽視了家庭氣氛的經營，甚至於認為帶孩子是母親的責任，導致孩子對父親角色認同不足，造成孩子未來在性格上的偏差。無怪乎時下許多青少年崇拜流行歌者的情形，幾乎到了瘋狂的地步，不僅荒廢學業，也失去人生努力的方向。

青少年如果缺乏家庭溫暖，心靈空虛，缺乏成就感，就可能向外尋求刺激，例如「飆車族」或「追星族」等，不能不與家庭文化、親子關係偏差畫上等號。但願天下父母，都能放下身段，與孩子打成一片，多關心孩子的表情，感受孩子言行舉止的反應，在待人接物上作孩子的模範，如能成為孩子的偶像，孩子想要「變質」都很難！

小儒的超級奶爸

擁抱溝通法

筆者在前幾篇的文章裡，曾經提到女兒懷孕第二個月的時候，女婿就開始每天撫摸他老婆的肚子跟胎兒說話，與他未出世的孩子建立情感的親密關係。每日持之以恆的精神與態度，令筆者十分感動。女婿曾說，孩子出生後，那銳利的眼神讓他感到非常的震撼，似乎探索「那個常跟我說話的人是你嗎？」經過一段時日的擁抱、愛撫，及說不盡的愛語後，那一雙似乎要看透父母的眼神，才逐漸恢復「正常」。

沒有距離的愛

由於女婿任教某大學教育研究所，在教育這一環，全家人經過多年的相處與溝通，早有共識。他一方面很懂得體貼妻子的情緒，一方面也了解早期與孩子建立親密關係的重要，所以從孩子滿月以後，他便一手擔負起為孩子洗澡的任務。有一次，筆者建議他父子兩人身上都塗滿肥皂，一起玩玩「身體滑溜溜」的遊戲。雖然那時候孩子才四個月左右，有些人認為是尚不解人事的年紀，但在事後，女婿說孩子興奮的眼神，是過

去僅為他洗澡時從未有過的現象，使他深刻的感受到孩子的快樂、幸福與滿足。

獲得圓滿的愛

生性比較內斂的女婿，只要是能為老婆孩子做些事，他就如同做學術研究一般，必定全力以赴。其他如：餵奶、換尿布，他也從生疏到熟練，幾個月下來，已儼然一副超級奶爸的模樣。如今，孩子已經九個多月，對父親的回應十分熱烈，只要看見爸爸回來，馬上發出伊伊呀呀的撒嬌聲音，並且展開雙臂要他抱抱，甚至還把頭貼在他爸爸的肩膀上，滿足萬分的享受父親的愛。女婿與孩子的肌膚之親，熟悉的面孔與笑容，喃喃愛語……散發出厚實豐富的真實情感，不僅使孩子原始的慾望獲得滿足，寶寶也獲得了嬰幼兒發展中最重要的要素——那就是「愛」。

蹦蹦跳跳

遊戲兒歌

爸爸扶，我來跳，

一跳一跳又一跳。

蹦蹦跳跳跳得高，

跳到天上摘仙桃。

我的爸爸好辛苦，

送給爸爸補一補。

跟孩子玩遊戲，是「付出」也是「享受」。尤其是做父親的，有著優勢的男性臂力。爸爸用強壯的胳臂讓孩子盪秋千，或扶著孩子彈跳，是最令孩子陶醉難忘的活動。每當看見女婿扶著他七個多月大孩子的雙臂時，孩子會開心的雙腳一蹬一跳，愈跳愈高，跳得頭髮飛揚，跳出滿身大汗才肯罷休。父子倆的笑聲、叫聲，加上筆者這個外婆和女兒在一旁的歡呼聲與掌聲，交織成一幅「與孩子共舞」的畫面。兩個月下來，小外孫的雙腿結實有力。筆者特別編寫了這首兒歌，希望父母能常和孩子一面念兒歌，一面玩彈跳遊戲。讓孩子在兒歌的韻律中做運動，在運動中感受被愛的幸福。

12 照鏡子

遊戲兒歌

我看他，他看我，
我摸他，他摸我，
我親他，他親我，
眼睛跟我一樣大，
鼻子跟我一樣乖，
他是誰？真奇怪！

「好奇心」是孩子與生俱來的特質，也是探索周遭世界的動力。

有一天當筆者九個月大的小外孫，無意中發現了外婆房中的一面穿衣鏡，好奇的爬進來又看又摸，最後竟然把小臉蛋兒貼著鏡子，嘴對嘴的與鏡中的自己親個不停。從此以後，他常常爬到鏡子前面，扶著鏡子站起來，用疑惑的眼神看著鏡中的自己，用手摸著鏡中的眼睛、鼻子……拍打鏡中自己的手掌，表情十分的專注。

一面穿衣鏡就可以帶給寶寶如此多的驚奇，吸引他不斷地

去發現與探索。有一天，當他會說話的時候，如果他指著鏡中的人兒問：「是誰在裡面？」父母千萬不要直接告訴他：「是你！」可以回答：「你說呢？」讓他自己找答案，才能滿足孩子的成就感。再大一些，可以給孩子一面小鏡子，讓孩子邊看鏡子邊畫自畫像，必然更是趣味橫生。到底會有哪些趣味發生呢？筆者要保留謎底，由讀者自己去發現吧！

13 給孩子貼心的擁抱

零歲到一歲的嬰兒期，嬰兒最需要、也是最重要的，就是撫慰與擁抱。這是每個嬰兒都應該享受的權利，也是為人父母應盡的責任。在爸爸媽媽撫慰與擁抱孩子的同時，爸媽關愛的眼神、快樂的表情，不但可以逗孩子開心，進而可以建立孩子的安全感與自信心，這才是影響孩子未來人格特質的關鍵。

陪伴孩子成長的過程中，父母可以發現孩子內心那股愈挫愈勇的毅力，才能體會到，原來孩子成長的「跡象」，是經由不斷地「挑戰」而形成的。這是多麼的令人感動！

唯有真心誠意的伴隨孩子走過嬰幼年，才能真正領悟到生命的韌性，也才能更重視人性雕塑歷程的可貴。

14 潛移默化的心靈陶冶

「速讀」圖畫書

筆者的外孫在四個月大時，已開始懂得聆聽故事了，他雙眼專注的注視著圖畫書，我們必須不斷地翻書，才能持續吸引他的專注力。他對一頁畫面的持久力，大約只有五秒鐘，一分鐘就看完了一本故事書，這時候我們便得換其他花樣來陪他玩耍。隨著時間的過去，小外孫看圖的持久力愈來愈強；到了八個月大，他已經能夠持續他的興趣達到二十分鐘之久。每看完一頁，他的身體就會向前傾，意味著要換一頁來看；每當翻開新的一頁時，他的身體馬上恢復端正的姿勢。他專心的眼神、愉悅的表情，實在令人感動。筆者和女兒利用故事畫面，簡單、生動的描述情節，逐漸引領他進入圖畫世界。

塗鴉樂趣無窮

為了讓小外孫將來不會排斥畫畫，筆者利用海棉，在他面前畫出一道道彩虹；強烈的色彩引起小儒很大的興趣，先是一臉驚訝的眼神，繼而全身往前傾，要不是女兒抱著他，他一定會整個人趴在顏料裡。有一次，筆者用一把油漆刷子在他面前

隨意塗畫，接著，就嘗試讓他握著刷子來塗鴉。他興奮的塗了兩下，就把刷子往嘴邊送。這使筆者體會到，在口腔期的階段，也只能讓他止於觀望了。

筆者有一個好朋友的女兒叫程可如，畢業於臺大哲學研究所，她曾經提到：「嬰幼兒的潛意識層，也就是大腦舊皮質層，由受孕後開始生長，直到出生後一歲左右才發育完成。」因此，我們除了陪他玩以外，為孩子營造一個陶冶心靈的環境、一個充滿音樂和美術的環境，應是必備的努力。我們可以在嬰幼兒階段的本質期，協助孩子透過本能的慾望，感受外在世界的新鮮，進而吸納不同的經驗；而這些經驗將刺激他作散點式的吸收，進而成為未來的信念與天分，也就是所謂零歲到一歲的「潛能播種」時期，我們怎能輕易錯過了！

音樂・情感——潛移默化的陶冶

四個月大……

筆者的外孫小儒四個月的時候，筆者和女兒開始收集各式大小的空罐，還買了一架小木琴，在他面前叮叮咚咚地敲給他聽。他好奇而目不轉睛的注視，卻並未顯示要參與的動作。筆者和女兒總會隔一段時日就來一次即興演奏，在打擊動作上製造一些「笑果」。

六個月大……

六個月大的小儒開始傾身抓小槌，也試著想敲打罐子，卻因手眼尚不能協調，每敲一下，槌子就掉了。經過一段時間的重複練習，才會自己撿起木槌敲；不過每敲幾下，就會把木槌往嘴裡放，伸出舌頭來舔。我們總是提醒他：「不可以！」又過了一段時日，只要聽見「不可以」三個字，他就會把手中的東西丟掉。可見孩子的學習的確是從「聽」開始。

九個月大……

小儒到了九個月大，已儼然一副小鼓手模樣，不但可以連續敲打眼前的空罐，而且似乎是盡全力打擊，十分起勁兒。不過，他還是比較喜歡聽我們敲小木琴，只要小木琴一發出聲響，他立刻會停止所有活動，專心的聆聽。

孩子迷人的反應

最近，有一家出版社送給筆者一套零到三歲的幼幼童謠，其中附了一張 CD 唱片，小儒最喜歡聽「嚕啦啦」。筆者和女兒盡情的表演，他或坐或趴的跟著音樂的節奏全身擺動，嘴裡不時發出伊伊呀呀的聲音，他的動作及笑容，讓我們跳得更起勁兒。

小儒在他媽媽的肚子裡，才兩個月就開始聽音樂、甜蜜的愛語……在出生六個月之前的周遭環境，也早已感受到濃厚的音樂氣息及和樂的氣氛，並不斷地滲入他潛意識層的能量中。因此，如今小儒面對音樂、對情感、對周遭人事物等，已開始有非常敏感的反應。

16 把握孩子「零歲到一歲」的敏感期

無論情感還是音樂，都可以說是潛移默化的心靈陶冶，不僅增加孩子精神層面的「糧食」，這段零歲到一歲前的時間，更是由父母主導塑造出孩子的性格。筆者藉此呼籲每個單位都應該響應「育嬰假」的政策。因為一歲以後，孩子的性格形成便不再全由父母掌握了。為人父母者，如能把握孩子此一照單全收的時期，讓音樂來震盪孩子的胸懷，喚醒其內心渾厚而充沛的感情力量，以故事、繪畫伴隨孩子成長；讓環境的薰陶、父母的身教示範，成為孩子耳濡目染的實際歷練，使之導入孩子深層記憶之中。父母的所作所為應為孩子優良的生命品質著想，並非刻意製造什麼「天才」。這也正是我們全家人用心努力的方向，願以此和讀者共勉。

17 嚕啦啦

遊戲兒歌

嚕啦啦、嚕啦啦，

一起來跳嚕啦啦。

甩甩手哇扭哇扭哇，

一扭扭到外婆家。

外婆送我一隻鴨，

嘎嘎嘎，嘎嘎嘎，

牠的名叫嚕啦啦！

「嚕啦啦」是一首適合幼兒唱遊的歌曲，從頭到尾的歌詞只有「嚕啦啦」三個字，好唱又好記，而且節奏輕快活潑，孩子一聽就會全身動起來。

而筆者這首兒歌可以讓孩子一面念唱，一面跳，以及自創動作。對幼兒來說，培養「興趣」比模仿動作的正確與否重要，如太重視肢體動作的美感而加以糾正，反令孩子模仿得更不自然。老師或父母，可以陶醉在音樂的旋律裡，這種氣氛才能感動孩子，讓孩子自然的愛怎麼動就怎麼動。在無拘無束的

音樂環境中，才能培養出音樂細胞。更何況在嬰幼兒階段，種種聲音的刺激，如童謠、古典音樂、行板、慢板等，勝過一切刻意的訓練，值得我們努力。

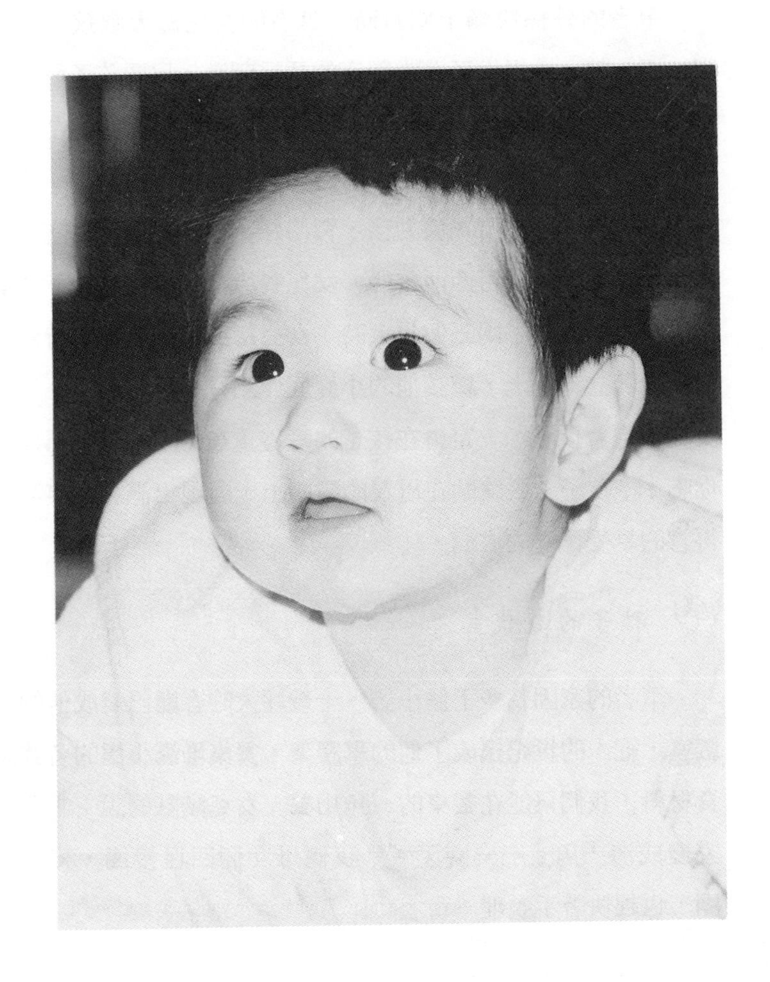

18 讓孩子享受充足的愛

筆者的外孫快滿十個月時，筆者的女兒每天跟孩子說、唱、逗、笑……提供了非常豐富的語言刺激。只要孩子發出聲音，她就馬上回應：「有什麼事？你口渴了嗎？餓了嗎？想玩什麼？……」孩子在不知不覺間已經學習到不少語言了。小儒在女兒悉心的照顧下，體力佳、胃口好，每餐副食可以吃一碗飯量，還得外加一百西西羊奶。女兒餐後都會記得為孩子清潔口腔。記得在孩子兩三個月大時，女兒每天在換尿布的時候，也不急著立刻包上，總讓他的小屁屁作點兒「日光浴」。只要女兒擁抱著孩子，一定會在孩子的耳邊重複的說：「媽媽好愛你喲！」孩子整張臉貼在母親的肩膀上，展現出滿意的笑容，得意的享受母愛的滋潤。

孩子的遊戲室

筆者的家因為多了個小儒，十幾坪大的客廳已變成他的遊戲室，紅木的貴妃榻成了他的攀爬架，餐桌堆滿小儒的各式副食材料，我們只能在餐桌的一角用餐。女兒幽默的說：「我們家變成海『角』一樂園了。」我們母女倆四目接觸，笑成一團，也趕快著手整理一番。

小儒一波波製造無數的驚奇，有趣的動作也每日翻新。女兒常說：「帶孩子雖然累，但是，從孩子身上所獲得的樂趣，卻絕非任何經驗所能替代。」女兒的臉上，儼然閃亮著「快樂全職媽媽」的金字招牌。

19 快樂的全職媽媽

女兒一直是我們家及親朋好友的開心果，走到哪裡，歡樂氣氛就帶到哪裡，是個非常善解人意、幽默、孝順、思考敏捷的好孩子。她從小到大跟筆者無所不談，婚後也有說不完的婚姻趣事。如今有了孩子，當然所有話題便以孩子為中心了。

女兒當了「全職媽媽」以後，她許多的同窗好友及同事，都無法相信行事果斷，且聰明能幹的她，居然能和「家庭主婦」畫上等號。畢業後她一直在公家機構上班，這一次她能夠做出「毅然辭去高薪工作投入家庭」這個重大的決定，筆者認為是夫妻感情深厚，與另一半的體貼與無私的責任感有關。來自各方的助力，才使她能夠很快地調整自己成為「快樂的全職媽媽」，扮演相夫教子的角色。筆者的一句：「要孩子像自己，最好自己帶。」只不過是「推波助瀾」罷了。但願每一對成為眷屬的天下有情人，也都能秉持「終身戀愛」的心情來經營家庭，使家庭成為「有情、有義、有愛的天地」。為自己、為對方，也為下一代作好最佳示範。

20 收玩具

遊戲兒歌

我看媽媽收玩具，
一樣一樣放回去，
媽媽對我說：
「玩具要收好，
再玩容易找。」
一面聽，一面看，
收玩具，好簡單，
變成我的好習慣。

每次筆者的小外孫玩得滿地都是玩具，為了培養孩子未來自己收拾玩具的好習慣，女兒都會等他玩完以後，拎個大袋子，把玩具拿起來一件一件的向孩子介紹玩具的名稱，再放進袋子裡。她很有耐性的把地上的玩具全部都收好。七個月大的小外孫坐在地上，認真的看他媽媽收拾玩具。女兒每次也都會跟孩子說：「玩具要收好，再玩容易找。」外子笑著說：「這麼小他哪兒會懂？」筆者和女兒總異口同聲的回答：「這是身

教嘛！」

小儒滿十一個月的某一天，女兒驚訝地發現小儒在爬來爬去，把地上的玩具一樣一樣的撿起來收進袋子裡。由此可見，身教真的發揮了潛移默化的作用。親愛的家長，別以為孩子還小就不教，等大了再教就比較困難了。

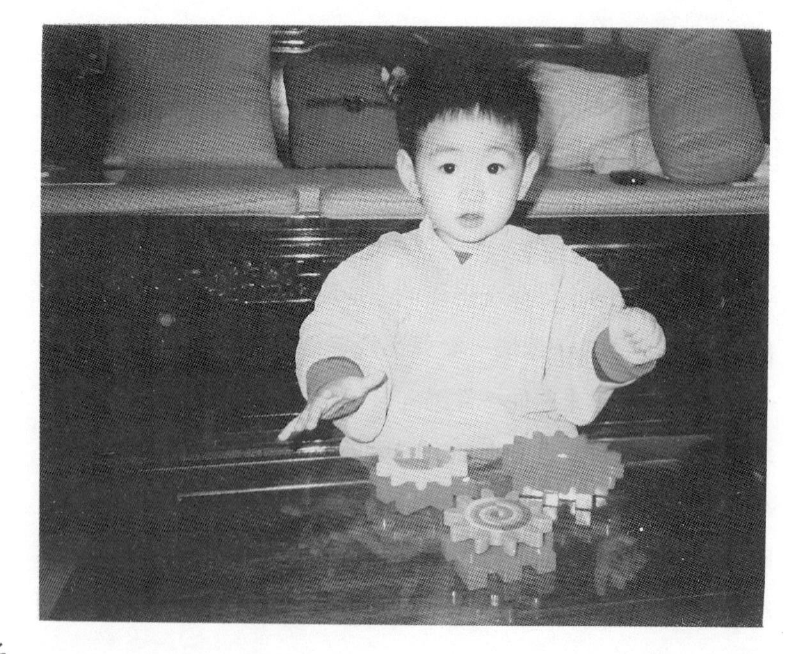

21 愛的回應

愛的撫慰

每當筆者感受到小儒的情緒受到影響，例如打雷或者突如其來的撞擊聲，筆者和女兒總是會拍拍他的背，親親他的臉頰，並且不斷地用愛語來安慰他，他很快就會安定下來。

愛的回應

小儒從出生到滿一歲，我們除了陪他玩、逗他開心以外，幾乎從未有過責備。因此，小儒一張嫩白的小臉蛋兒，總是如陽光一般燦爛。有一次，他不想吃飯，手一揮，打翻了碗，飯菜撒滿一地。女兒摀著臉假裝坐在地上哭，小儒當時愣了一會兒，馬上爬到他媽媽身邊，用小手不斷地輕拍他媽媽的肩膀，又把他媽媽的手掰開，親得他媽媽一臉口水。他貼心的舉動，讓女兒感動不已。由此可見，孩子是有樣學樣；女兒一向對孩子付出無盡的愛意，如今，女兒已享受到孩子愛的回應，真是好窩心呀！

22 會爬的小娃娃

遊戲兒歌

我家有個小娃娃，
包著尿布到處爬。
流口水，滴滴答，
看到東西他就抓，
抓到手，放嘴巴。
好危險，好可怕，
全家忙著照顧他。

這首兒歌是筆者為八九個月大的小外孫創作的寫照，相信每個嬰兒都曾有過這種畫面。筆者一向不主張嬰兒坐學步車，因為那違反人類自然成長的原則。嬰兒會爬就該讓他爬個夠，不僅可以促進四肢協調發展，還可以使膝蓋關節骨骼鍛鍊得更有力量；嬰兒爬行時兩眼注視著前方，對他的專注力提升也有幫助。爬行還可以刺激內耳前庭的平衡感，當他長大學習站立、行走的時候，比較穩定而不易跌倒。

學步車只是為忙碌的大人考量，但是，嬰兒坐在裡面的

「後遺症」卻很多，例如剝奪了與父母的親密擁抱關係，也會缺乏安全感等等……。嬰兒到處爬行，自然危險叢生，因此這正是他最需要關心的階段。父母全心全意陪孩子玩，既顧到孩子的安全，又可以欣賞他天真爛漫的舉止。孩子的嬰兒時期短暫，父母應該及時付出，當然也能夠及時享受。

23 小謎語——電話

遊戲兒歌

叮鈴鈴！叮鈴鈴！
沒有鼻子沒眼睛，
體重不到半公斤，
又會說話又能聽，
請問它是誰？
說給我聽聽！

筆者的小外孫十一個月大時，開始對電話產生強烈的興趣，稍不注意他就把電話拿在手上玩。現在市面上有許多玩具手機，做得惟妙惟肖，顏色也十分漂亮，一按鍵就可發出電話鈴聲及多種音樂聲，如今它已變成小儒的最愛。瞧他有模有樣的學大人握著手機，靠著耳朵，嘴裡還嘀嘀咕咕說著只有他自己才懂的話，模樣實在十分逗趣。

像小外孫的這個年紀，正處於聽、看、模仿階段，所以大人必須時常跟他說話。等到他會說話了，就可跟他玩「打電話遊戲」，不僅可以增加詞彙，培養語言表達能力、說話禮貌，

也可以促進孩子腦力激盪，發揮思考力與創造力。此外，也可以和孩子玩玩猜謎語，不但讓孩子發揮想像力與幽默感，當猜對時，那種成就感最令孩子開心了。請試試吧！

24 小外孫一歲了

零歲到一歲的潛意識層，也就是大腦舊皮質層，從受孕以後就開始生長，直到一歲左右才發育完成。而嬰兒的思考能力及想像能力，都是從「情感」發展而來。嬰兒對外界鮮明、強烈的刺激，經片段的吸收以後，成為自己的信念與天分。筆者動筆寫這篇文章的這一天──八十九年七月十七日，正是我的外孫滿一歲的生日。一年以來，我們對他所做的一切努力，都是建立在「情」與「愛」的基礎上。因此，小儒從不以哭鬧來爭取大人的注意，而以豐富的肢體語言，發出喜、怒、哀、樂的訊號，使彼此默契達到心靈交會的境界。小儒成了我們生活中快樂的泉源，而我們也成了小儒生命旺盛、熱情澎湃的動力。藉此祝福剛滿一歲的小儒，能從此開始輕鬆、自在、健康、快樂的走過一生中最重要的嬰幼童年。

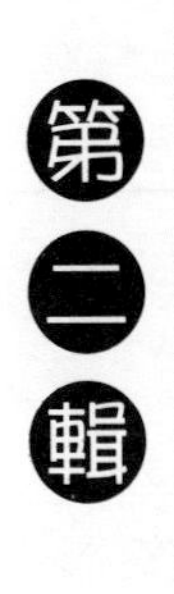

第二輯

親子溝通篇

父母該如何對孩子表達

我的孩子就讀小學二年級，脾氣很怪，特別愛聽「好話」，可是有時對他說「好話」，卻也不見得使他高興，我到底要怎麼說才對呢？

在「鼓勵」中成長的孩子，會對自己充滿信心，增強繼續努力的意願。但是，許多父母往往以高姿態立場跟孩子說話，聽起來好像是鼓勵孩子，骨子裡卻隱含了許多壓力與不滿。例如：「你總算學會了！」——意味著孩子很笨，要經過一番努力才能達成。不妨說：「哎呀！被你學會了，好能幹！」孩子會覺得：「嗯！我很聰明。」又如當父母對孩子的表現感到滿意時，常會說：「這才是我的好孩子。」——也意味著合乎大人標準才是好孩子，否則便不是好孩子了。試想，要孩子去迎合大人是多麼不容易呀！又如：「這是你做得最好的一次。」——等於否定孩子過去的努力都不夠好。其他如：「你哭什麼呢？你不是很乖嗎？」——筆者認為哭是孩子傷心的反應，跟乖不乖有什麼關係呢？如果跟孩子說：「你很難過是嗎？要媽媽怎麼幫助你才會使你高興呢？」孩子感到窩心，傷心程度自然降低。

溝通技巧是藝術也是一門學問，更是經營親子關係成敗的關鍵。父母如能排除成人優勢地位，站在孩子立場，透過愛語及鼓勵，才能建立孩子的「自尊」與「自信」，未來面對問題才有勇氣接受挑戰。

如何與淚人兒溝通

我的孩子很愛哭，我說破了嘴都沒用，有時候她會哭上大半天，愈安慰哭得愈大聲，被她哭煩了，想不理也不行，因為我走到哪裡，她就哭到哪裡，給她什麼都不要，我該如何安慰她才有效呢？

通常比較依賴或不太會表達的孩子，才會以哭來反應她的焦慮。父母如果以接納、幽默、自嘲等方式，大多能使孩子停止哭泣。不妨試試運用以下溝通方式，也許會使你的孩子破涕為笑，或因為幾句體貼的話使孩子感到窩心而停止哭泣。請試試：

1.「我相信你一定很難過才會哭，要不然就不會哭了。」
（信任、體諒）

2.「想哭就哭，靠在媽媽身上哭一下吧！」
（接納、溫馨）

3.「哭一哭一定會比較舒服，哭完了再告訴媽媽要怎麼幫你。」
（體諒、支持）

4.「你一定比我勇敢，哭完了會告訴我，對不對！」

（鼓勵、信賴）

5.「謝謝你，你哭的聲音愈來愈小，真好，都不會吵到別人。」

（誇獎、肯定）

6.「你一直哭，我好難過，請休息一會兒再哭好嗎？」

（反應感覺、體諒）

7.「你的淚水好多喲！我們趕快用杯子接住它。快！快！快！要不然掉光了怎麼辦？」

（幽默、轉移目標）

8.「你的哭聲好好聽，我們用錄音機把它錄下來，不能停喔！」

（孩子會感到奇怪而停止哭泣）（接納、轉移目標）

9.「你哭的樣子好可愛，我們來照鏡子看看，哦！嘴巴變大了。」

（接納、轉移目標）

10.「怎麼不哭了？讓我嚇一跳，我以為你不見了呢！」

（幽默、出奇制勝）

11.「哭完啦！請笑一笑，我要為你拍張照。」

（逗趣、回饋）

12.「謝謝你不哭了，寶貝！你不哭的時候更可愛、更漂亮。」

（回應、誇獎）

愛哭的小孩雖然令人煩又同情，但如能運用幽默感，結局必出乎您意料之外。

3 如何與受挫的孩子溝通

我的孩子今年上小學一年級，一有挫折就把自己關在房裡生悶氣，我去安慰他，他卻回我：「我不跟你講啦，反正你知道也沒有用！」結果他的挫折也變成我的挫折，真不知如何與他溝通。

看到孩子有挫折，想幫忙卻又遭孩子拒於千里之外，父母自然是既心疼又無奈。孩子拒絕父母對他的關心，很明顯是因為溝通出了問題。

父母如以說一堆大道理的方式跟孩子溝通，孩子當然不愛聽，所以也就拒絕溝通。父母為了減輕孩子挫折感，主動想要幫忙，而孩子又不願意失去屬於自己的生活權利；如果接受幫助，等於肯定自己的失敗與無能，所以寧願關起門生悶氣，也不願與父母分享。如何保持孩子自尊心，又有效排除孩子挫折感，溝通技巧是一大考驗。謹列以下溝通方式供參考：

1.「再試試看，我相信你一定可以做到。」

（鼓勵）

2.「你已經很努力了，再加點油，一定可以完成。」

（肯定、鼓勵）

3.「啊！這麼難做的事都敢嘗試，你真的很能幹。」

（窩心、讚賞）

4.「真高興你願意試著去做，累了要記得休息呀！」

（體諒）

5.「願意讓我幫一下忙嗎？別忘了我是你最好的朋友啊！」

（支持、關心）

6.「有沒有需要我幫忙的地方？我很願意做你的幫手。」

（體貼、支持）

7.「想一想，有沒有別的方法？想到了可別讓我嚇一跳啊！」

（激勵、幽默）

8.「你比上一次進步多了。」

（肯定、讚賞）

9.「你覺得還不滿意是嗎？其實比我小時候好太多了呢！」

（鼓勵、肯定）

10.「哎呀！快完成了，比我想像得更快呢！」

（激賞）

11.「對了！你是怎麼想到的？」或：「你是怎麼做到的？」

（肯定、驚喜、激賞）

容易感到挫折的孩子，有時候不一定是自信心不夠，而是眼高手低，求好心切，又要嘗試新的挑戰，在想得美又做不到時，才備嘗挫折，做為孩子的父母，從旁鼓勵而不施壓力，才是上策。

4 如何與缺乏主動的孩子溝通

我的孩子膽子小，凡事懶得思考，好像腦袋空空，見到客人也不敢打招呼，總是躲在我身後。平時雖然也算聽話，但要他動動腦，總回答：「不知道。」請他動手做一件事，也只說：「我不會。」不知要如何鼓勵才能使他積極主動一點？

孩子不夠主動的原因很多，例如：缺乏信心、生活圈子狹隘、缺少見識，如果哥哥姊姊表現比較強，對他總是嘲笑或批評，鮮少鼓勵，也會讓孩子感到沮喪而不敢主動。又如果父母老師對孩子的要求標準過高，也會造成孩子怕錯而退縮，乾脆以「不會」、「不知道」來逃避責任。不過無論如何，對於缺乏積極主動的孩子，不妨試用以下溝通方式，或許有所幫助。

1.「孩子！我很需要你幫忙呢！」

（信任、受到重視的感覺）

2.「只要你有用心，一定很行。」

（鼓勵、肯定孩子是有用的人）

當孩子願意告訴你想法時：

3.「我就知道你會想辦法！」

（肯定孩子努力思考）

4.「你的主意太好了，我們來試試看。」

（積極、肯定、由衷讚美）

5.「我猜，你一定早就想好了！只是還不想告訴我是嗎？」

（肯定、體諒——以退為進）

6.「你真聰明，這個好主意是怎麼被你想到的？」

（肯定孩子的好點子）

如果他肯動手作，更應以鼓勵言詞來增強他的信心：

7.「你的手愈來愈能幹了，真好，讓我親一下這雙能幹的手。」

（誇獎、窩心——感受被愛的幸福）

8.「你會主動跟客人打招呼，真有禮貌呢！」

（具體鼓勵且由衷讚賞）

9.「爸爸不在家的時候有你陪我，媽媽什麼都不怕了。」

（鼓勵孩子勇敢、有價值——有被重視的感覺）

10.「恭喜你，你會做事情，你長大了。」

（誇獎孩子的認真與努力——孩子有被重視的感覺）

11.「你會幫媽媽忙，我知道你很愛媽媽，媽媽也愛你。」

（肯定、溫馨——感覺自己是有用的好孩子）

12.「如果你長得跟爸爸（或媽媽）一樣大，一定很能幹，更會想辦法，因為你有用心想，用心做嘛！」

（鼓勵與肯定——肯定孩子努力的過程，沒有壓力）

「鼓勵」如雪中送炭，適當鼓勵有催化作用，只要鼓勵中不隱含驗收成果及不滿的壓力，孩子必因為感動，使得意識層（大腦新皮質）受到刺激而更加活躍起來，相信孩子的聰明點子會源源不斷！

如何和有叛逆性的孩子溝通

我的孩子像個火藥庫，一不小心隨時會爆發，老師說他在學校對同學不夠友善；而他在家對父母也很兇悍，口出髒話、罵人、摔東西，儼然一副小霸王的模樣。我們夫婦兩個不論罵他、打他，或好言相勸，全都沒效。請賜良方！

孩子壞脾氣的養成，絕非一朝一夕，六歲孩子即在家中稱霸，一定是教育方法與態度出了問題。平時除了透過郊遊、親子遊戲、適度獎賞等，來經營親子感情以外，溝通技巧是否得當，才是親子間情感交流的潤滑劑，例如：

1.「謝謝你提醒我，說我好討厭，我會努力變得可愛些。」

（幽默，可以化險為夷——大人也應學習勇於認錯）

2.「你說我笨死了，我很難過，但是，我覺得自己有時候也很聰明。」

（反應感覺並表現自我肯定，發揮教化功能）

3.「你說你不喜歡我，好！我趕快走開，什麼時候你喜歡我了，別忘了來找我，我永遠是你的朋友哇！」

（接納、體諒與支持）

4.「你想嚇我是嗎？那很難喔，因為我膽子比天還大呢！」

（語氣不宜太過尖銳，以免因氣焰高漲嚇到孩子。但表情可稍微嚴肅，不致助長孩子的霸氣）

5.「你不肯吃飯是嗎？沒關係，先收起來，等什麼時候餓了，再熱給你吃，如果再不吃，抱歉！只好繼續肚子餓嘍！」

（語氣溫和，但不輕易妥協，使孩子學習用餐規範）

6.「你不肯收玩具是嗎？如果我幫你收，會讓玩具休息好久不能玩哪！請快決定吧！」

（立場堅定、態度緩和，教育孩子為自己行為負責）

7.「你對我大吼，以為我會害怕是嗎？你猜錯了，你大吼我可以不理你，如果你很乖，我就得花好多時間陪你玩，那才讓我傷腦筋呢！」

（運用「迂迴導正術」，接納但不輕易讓步，包含愛的誘導）

8.「你以為你很兇？我小時候比你更兇呢！是因為我爸爸媽媽和同學都不喜歡我兇，我才不再兇，所以後來大家又都喜歡我。現在我很快樂！你兇的時候快樂嗎？」

（以同理心，反應知錯能改，把握機會教育）

9.「這話太難聽了，快去漱口，把髒話洗掉，要不然××權利就要沒收了。」

（堅定立場，建立是非概念，處罰不當行為，而不傷害人格）

10.「你以為可以騙過我是嗎？很抱歉，我實在太聰明了，還是照實說吧！要不然我怎麼當你媽媽（爸爸）呢？」

（溫和地拆穿孩子的企圖心，鼓勵孩子老實說）

如果孩子聽話，後續則是：

11.「謝謝你聽話了，請你讓我抱一下好嗎？」

（讚賞、熱情回應）

12.「你比以前可愛一百倍，太好了！我願意作你最好的朋友。」

（肯定、讚賞、愛的回應）

雖然有時候孩子的攻擊語言使父母權威地位受到威脅，但是，保持風度、不和孩子對立，才能化險為夷，否則必釀成兩敗俱傷的結果。

6 如何和傲慢的孩子溝通

幼稚園老師告訴我，說我的孩子很聰明，但是常常喜歡罵同學笨死了、討厭、爛透……等，所以也沒人願意和他玩，他每日獨來獨往，到處挑同學毛病，糾紛不斷，令老師很頭痛。其實孩子在家也同樣罵妹妹，我不知道該怎樣才能幫助他改善傲慢態度？

教育孩子並沒有偏方，唯有愛心與耐心加方法而已。前二者是基礎，後者只要用心，總有成功之日。筆者從經驗中發現：許多孩子領悟力強，反應快，樂於與同學和睦相處，分享他的智慧，幫助同學解決問題；也有許多孩子自命不凡，認為自己比別人聰明，會毫不客氣的指責別人討厭、笨死了，如果發現別人做錯了，更是哈哈大笑取笑一番。面對這類孩子，試試運用以下溝通方式：

1.「我相信你有些地方很聰明，××也有些地方很聰明，每個人有不一樣的聰明。例如：爸爸上班很聰明，媽媽做菜比爸爸聰明，你玩玩具又比媽媽聰明對不對？」

（讓孩子了解每個人都有不同的才智）

2.「你說妹妹畫的圖爛透了，我好難過！如果也有人這樣說

你，我也會很難過。」

（啟發同情心，反應感同身受、體會愛意）

3.「你說不跟妹妹玩，因為她太笨了，如果你教她玩，把她教會了，多一個人陪你玩多好！」

（肯定孩子能力，鼓勵友愛行為，且利人利己）

4.「幫助一個人變聰明滿辛苦的，要成為好心的人，當然要努力呀！」

（肯定努力的意義）

5.「他雖然不夠聰明，但是有禮貌。你很聰明，相信你一定也很有禮貌，對嗎？」

（運用迂迴導正術，激勵孩子成為有禮貌的孩子）

6.「學習去愛一個人，會比討厭一個人快樂多了，你願意試試看嗎？」

（啟發愛心）

當孩子願意嘗試以友善態度待人時，可以試著說：

7.「真高興你能這麼做，我就知道你是一個有愛心的孩子。」

（肯定孩子改善是努力的表現）

8.「朋友愈多，愈會覺得自己很棒。要怎樣才能交到更多朋友呢？你一定有更好的辦法，我相信你一定能做到。」

（鼓勵孩子克服怕失敗的心理）

9.「別人跟你打招呼，如果你能笑一笑、點點頭，你一定會更可愛！」

（提供具體回應禮貌方法、培養禮貌行為）

10.「謝謝你主動跟××打招呼，你的樣子帥呆了。」

（肯定努力的表現，給與熱烈讚賞）

11.「我們來比賽說好話，每說一句就可得到一張貼紙，如果你說得愈多，貼紙就獲得愈多。我們開始玩吧！」

（遊戲中學習，滿足孩子好玩、好勝的心理，達到「說好話」的目的）

「溝通」不僅是方法，也是一種談話藝術，一句善意回應能扳回頹勢，化干戈為玉帛。尤其是面對孩子成長階段，更深具教育意義，值得努力。

7 如何和適應不良的孩子溝通

我的兩個孩子都很內向、膽小，兩年前老大上幼稚園曾哭鬧了一、兩個月，如今老二又將上幼稚園，我實在害怕老二會跟老大一樣哭鬧，不知如何和老二溝通，才能減輕那種離別的痛苦。

一般來說，孩子在兩、三歲左右即奠定了未來人格發展的基礎。孩子個人與環境的關係，深受成人情緒影響，如成人缺乏耐性，凡事容易生氣，孩子若稍有不慎，即大聲苛責，語帶威脅：「如果不聽話，我就把你送走，不要你了！」或：「再不乖，小心被壞人帶去賣掉！」則充分暗示了孩子：只要不聽話，隨時會有被父母拋棄的危險；或只要不在父母身邊，會有被壞人帶走的危險。雖然孩子尚不清楚危險的意義，但是一種不安全的感覺已油然而生。

為使孩子能順利適應新環境，不妨與孩子作以下溝通：

1.「你不想上學，是嗎？」

（接納孩子的焦慮）

2.「因為你不想離開媽媽，是嗎？」

（指出孩子焦慮的原因）

3.「媽媽不是要你去上學，只是想帶你去一個好玩的地方。」

（運用迂迴策略）

4.「那裡有很多玩具、很多會說故事的阿姨、好吃的點心，還有好多跟你一樣可愛的小朋友，媽媽也好想去玩，請你陪媽媽去好嗎？」

（啟發孩子的好奇心，再給孩子吃顆定心丸——有媽媽陪伴在身邊）

與孩子溝通時，除了態度溫和誠懇，更必須重視對孩子的承諾，不應只為「脫身」而「哄騙」孩子就範。否則一旦在孩子心中失去誠信，將來長大後對周遭的人也難建立信心，如果有人待他好，還可能懷疑對方是另有企圖，對日後人際關係的好壞有很大影響。

無論如何，面對離情焦慮孩子，親師雙方均應密切配合，園所應以開放的心胸接納家長陪伴，時間需要多久，端賴孩子適應程度而定。許多老師認為：「若讓家長陪伴，孩子有了靠山，老師很難介入，也難以輔導，唯有要求家長盡速離開，孩子沒有指望，自然會認同老師。」這種說法不無道理，但卻是完全站在成人立場，忽視孩子立場。孩子初次離開親人，被放到一個對他全然陌生的環境，內心的痛苦與不安應受到成人的關懷，成人應避免造成孩子失望、無助及認命的極度痛苦。因為過度壓抑，有種似乎被父母拋棄的感覺，會使孩子失去信心，自我肯定的價值也將日趨模糊。身為父母，希望孩子將來

成為什麼樣的人，必須讓孩子在父母的言行舉止中感受到；身為老師，更必須清楚幼兒教育首要目的，是培育孩子成為健全人格的未來公民。因此，親師雙方均應給孩子一段醞釀時間，協助孩子慢慢適應環境。畢竟「教育」是急不得的，尤其對適應能力較弱的孩子，更需要耐心等待才是。

8 如何和學習不專心的孩子溝通

如果孩子嚴重挑食導致營養不良，或睡前過於興奮等，都是引發學習無法專心的重要因素。其次，如果教材太刻板，老師教學不夠生動，也會使孩子學習不能專心。否則便是屬於生理問題，就應該找醫生作腦神經檢查了。

希望孩子樂於學習，而且最好一教就會、領悟力強、記性又好，相信是為人父母一致的期望。但是，為何有時孩子總是心不在焉，如同對牛彈琴，使父母或老師備感力不從心，不知如何是好。

許多父母因為忙碌，或生活壓力太大，往往急就章地處理孩子的學習問題，忽視和孩子良好溝通的禮貌，導致嚴重影響孩子學習情緒，例如：

1.「為什麼你這麼心不在焉？要注意呀！」

（批評）

2.「我已經講了好幾遍了，怎麼還不會？」

（埋怨）

3.「錯了！怎麼不用點腦筋想想看？」

（責備）

4.「再學不會，星期天不帶你去玩！」

（威脅）

5.「你不是很聰明嗎？怎麼還不會呢？」

（諷刺）

6.「真是笨死了！」

（羞辱）

以上往往是一般父母對孩子的溝通方式，充分顯示完全是站在成人立場，忽視孩子內在感受，溝通效果當然不佳。如能以接納語氣溝通，必有意想不到的效果，例如：

7.「大概是我說得不夠清楚，請再想想看，哪裡不會？」

（鼓勵孩子思考問題的癥結）

8.「我們一起來想一想，一定能夠做得更好。」

（以「我們」代替「你」，減少孩子壓力。然後給孩子一點線索，讓孩子有成就感）

9.「哎呀！被你想到了，我就知道你很行。」

（只要有點表現就給與正面增強。）

對於依賴性強的孩子，必須堅持立場；對於不易專心的孩子，宜多鼓勵，方能增強學習興趣，否則如果連興趣都失去（被罵掉了），只會更難專心了。總而言之，教育是急不得的，必須長期投資對孩子的愛心與耐心才是。

如何和有「偷竊」行爲的孩子溝通

為了避免孩子日後養成偷竊行為，首重「物權觀念」的建立，只要孩子想要別人的東西（包括親人在內），都應先徵求對方同意才可以。尊重「所有權」，更應從小培養，才不至於物權觀念混淆不清而無辜地被冠上「小偷」的標籤。

學齡前孩子由於生活經驗有限，處理問題能力不足，況且這個階段自顧不暇，自然沒有能力顧及他人的感受。因此，只要喜歡就拿走，成為幼小孩子「理所當然」的特徵，這個特徵在成人社會的行為標準下，往往被歸類為「偷竊」行為。

「偷」，對幼小孩子來說，屬於物權觀念不清所致，不應以偷竊行為視之。如何與有「偷竊」行為的孩子溝通呢？可試試以下技巧：

1.「你喜歡這個××是嗎？」

（接納孩子喜歡的行為）

2.「你知道這個××是誰的嗎？」

（培養物權觀念）

3.「你有沒有先徵求××的同意？」

（應該尊重對方所有權的禮貌行為）

如果孩子執意不肯放棄，也不願妥協時：

4.「如果你不肯歸還，你的××權利就要休息好久了。」

（沒收孩子某項應享的權利，乃示不肯歸還應付的代價）

如仍然不肯歸還，便須進一步：

5.「抱歉！不是你的東西，一定得歸還，如果你要哭、要生氣，我也沒辦法。」

（處理立場要堅定）

從孩子手中取下他人所有物後，請孩子在一旁休息。然後為孩子倒一杯飲料或點心：

6.「哭累了、餓了，請用點心；渴了，請喝果汁。」說話語氣要堅定，態度要溫和，說完即離開現場，以免因過於疼愛孩子而動搖了立場，導致前功盡棄。一旦孩子情緒緩和，再和孩子溝通，如果孩子願意歸還，父母理當放下身段摟著孩子說：

7.「我就知道你是一個懂禮貌的孩子，謝謝你聽媽媽的話，我會更愛你。給你一個願望，可以三選一：

⑴為你說一個故事。

⑵告訴爸爸（或媽媽）你是一個好孩子。

⑶假日出去玩。」

三選一的目的是避免孩子藉機「敲詐」，否則反而助長孩子故技重施。

如何和賴床的孩子溝通

「賴床」並非壞事，也許孩子醒來後，正在調適當日的心情，或繼續享受當夜美夢所帶來的喜悅。由於父母大多擔心孩子上學會遲到，或自己要急於上班，才認為「賴床」是一種不良習慣。

面對已養成賴床習慣的孩子，如果未能了解孩子「好玩」、喜歡「有趣」的特性，一味催促快快起床，很容易變成情緒反彈，弄得當天心情都不舒服。筆者曾經有位同事，她的孩子也有賴床習慣，為了避免雙方不愉快，想出了幽默有趣的點子，結果叫孩子起床，變成了母子同樂的活動，親子雙方一大早就在歡天喜地的互動中，增進了濃郁的親密情意，孩子賴床習慣也就自然改善。以下便是她的溝通方式：

「哎呀！太陽在向你說早安，小耳朵聽到了嗎？」然後附在小孩耳朵邊輕輕的說：「早安！早安！」

「我知道頭髮已經被吵醒了！」讓我摸摸手看看：「手醒了嗎？」輕輕的摳摳孩子的手掌心，孩子因而笑出

來：「哈！手也醒來了。」再摳摳孩子腳底板，孩子一縮腿：「哎呀！臭腳也醒了！」孩子被逗得大笑，睜開眼睛時：「眼睛醒了！真好！太陽公公不會說你是小懶蟲了。」、「衣服在等你，牙膏、牙刷、早餐都在等你。要快嘍！」

剛開始幾天，孩子每天都在等媽媽跟他玩起床遊戲，樂在媽媽給與的愛和歡樂中，漸漸地賴床習慣獲得改善，遊戲的新鮮感也就告一段落。如果每位父母，把要求孩子合作的事項都當成有趣的遊戲，不僅孩子會變得更可愛、更貼心，父母也會覺得自己可愛多了，當天的心情也會變得很不一樣呢！千萬不要懷疑如此是否會寵壞孩子，試想受寵年齡不過短短幾年，孩子長大後，要寵他，他還未必會接受呢！

如何鼓勵孩子養成好習慣

由於我們夫妻都是上班族，孩子快滿五歲時才從鄉下帶回臺北自己撫養。不料他的生活習慣卻和我們格格不入，百般糾正，卻都以不愉快收場，不知應如何與孩子溝通才能改善孩子的生活習慣？

由於家庭結構改變，雙薪家庭已愈來愈普遍，孩子假手他人代勞已成為必然趨勢。因為每個家庭的生活習慣不同，帶給孩子不一樣的規範，又因父母生活節奏太快，與孩子溝通大抵都缺乏耐心；如果缺乏溝通技巧，自然無法說服孩子改善。因此，唯有適當溝通才能打動孩子的心，贏得孩子合作，例如：

1.「你會自己吃飯，這麼能幹，誰教你的？」孩子常會得意的說：「是我自己教自己的。」
（學習、自我肯定）
2.「你會把鼻涕擦乾淨，看起來更漂亮了。」
（具體讚賞）
3.「你會自己穿衣服、穿鞋襪，哦！你的小手愈來愈能幹了。」

（鼓勵自己的事自己做）

4.「因為你會把地上紙屑丟進垃圾桶，客廳看起來更乾淨了。」

（肯定努力的付出）

5.「真聰明！你吃飯前記得先洗手，手上的小病蟲都被水沖跑了。」

（讚賞、把握隨機教育）

6.「謝謝你跟我說『早安』，真是個有禮貌的孩子。」

（正面增強作用）

7.「謝謝你跟我說『晚安』，我一定會睡得很甜。」

（培養感恩的心——對孩子禮貌行為給與正面回饋）

8.「你把玩具排得好整齊呀！好像是玩具店的老闆呢！」

（肯定孩子的好習慣養成）

9.「你會輕輕走路，樓下阿姨一定在誇你是個好孩子。」

（重視、體諒、讚賞）

10.「你輕輕說話，我的耳朵好舒服喲！」

（重視、體諒、了解因果關係）

11.「你坐得好端正，腰部挺直，長大後，走路一定很帥。」或「像中國小姐一樣。」

（誘導把握現在，展望未來）

只要家長有心，一定會引發更多有效的溝通技巧。其實，與孩子溝通時，只要是站在孩子的立場準錯不了。

12 如何鼓勵缺乏自信的孩子

我的六歲孩子，並非膽小，他會獨自回房睡覺，也會陪妹妹玩。也許是對自己期許太高，總是對自己的表現不夠滿意，甚至於愈來愈沒有勇氣嘗試新事物。外子常批評孩子沒出息，孩子也對自己愈來愈沒信心，真不知該如何幫助他建立信心？

傷害孩子「信心」最有效的方法，就是罵他「笨死了」、「沒出息」、「沒有大腦」等。許多父母感到孩子做得不夠積極，有時屢教不會，一罵就退縮或哭泣，責備用語便不自覺地脫口而出。孩子的表現也許不盡合大人意，但是只要有一分努力，就得回饋一分鼓勵，如此才能增強孩子再次努力的信心。請試試運用以下溝通技巧：

1.「你已經做得夠好了！」

（體諒與肯定）

2.「加油！加油！對了！就是這麼做。」

（勉勵與肯定）

3.「我還沒有數到一百你就做好了，你好厲害喲！」

（表示意外驚喜與肯定）

4.「被你想到了，你記性真好。」

（比預期更好的肯定）

5.「你能用頭腦想事情，頭腦一定愈用愈聰明。」

（鼓勵與肯定）

6.「你已經比以前更進步了，我好滿意喲！」

（肯定孩子努力付出）

7.「要是沒有你幫忙，媽媽真不知道該怎麼辦呢！」

（尊重孩子是有價值的個體）

8.「你學得真快！」

（為削弱孩子挫折而肯定其努力付出）

9.「對了！就是這麼做，讓媽媽上當了，還以為你不會呢！」

（運用幽默感，肯定與讚賞）

10.「再試一次，一定沒問題！」

（鼓勵、肯定——隨機助孩子一臂之力）

11.「你一出手就搞定了，好像電視裡的英雄耶！」

（誇讚他的能力與嘗試的勇氣）

12.「你每天都有進步，應該給自己拍拍手。」

（肯定孩子努力過程）

13.「你真的學到了好多事情，感謝老天爺，給了我一個能幹的孩子。」

（使孩子受到激賞，培養感恩的心）

14.「你能像爸爸一樣愛媽媽，我覺得好幸福、好快樂喲！」

（肯定、回饋美好的感覺，可發揮潛移默化的作用。）

如果父母能在百忙中，抽空摟著孩子，真心誠意在孩子耳邊表達愛語，相信孩子會因而對自己、對父母，甚至於未來在學業上、事業上……會更有信心、有責任感。為了孩子的未來，值得付出努力，打下良好根基，請勿遲疑！

問題因應篇

不愛吃飯的孩子

我兒子今年四歲，目前正在念幼稚園小班。他在學校可以自己用餐，可是每天晚餐時，他總找藉口不吃飯，除非大聲告誡，他才會勉強拿起調羹來。每天吃飯，總是全家氣氛陰沉。為了他的吃飯問題，特別帶他看過幼兒心智門診，也沒有結果（如果是蛋糕或點心，不用我叫，他就可以很自然的吃很多）。

這些年來，由於人們富裕，孩子又少，父母基於疼愛，常會想盡辦法要求孩子用餐，反而讓孩子感覺吃飯是件很麻煩的事，因此拒絕父母的「要求」。不像三十年前，生活條件差，孩子也生得多，大夥兒一上飯桌，不到十分鐘即一掃而空，此等光景現今已很難見到了。有太多父母反應：「孩子不肯吃飯。」不少孩子也往往以此威脅父母，作為交換條件的籌碼，這也是三十年前所未有的現象。身體不適，服藥造成胃口欠佳，或未節制零食都會導致食慾不振；此外，用餐氣氛太緊張，情緒不佳等，也會導致吃不下。但若非以上問題，恐怕真是胃裡一直沒有「空」的感覺了！

由於科技的發達，造成生態環境受到嚴重的汙染，如農作

物大量使用化肥、生長激素；也有些二度加工食物使用色素、防腐劑等，致使消化系統運作時間加長。如果飯後吃水果，水果被食物阻塞，不能直接到小腸扮演清道夫角色，胃裡又有四十度以上溫度，大約三十分鐘後，水果開始發酵，產生酒精成分，造成胃不舒服，這一餐尚未消化，下一餐又接踵而來，自然不想吃飯。孩子平時如常吃甜食，那不是餓，而是嘴饞。所以生態環境改變，飲食也宜改變。如改在兩餐之間吃水果，才能發揮消化的功能，胃裡若有空的感覺，自然就會努力用餐了。此外，平時應少讓孩子吃甜食、蛋糕類等酸性食物。其實低蛋白質、低澱粉、低脂肪、高酵素、高維他命、高鹼性、高礦物質等食物，不但供給體內充分營養，也有排毒功能，所以應該多鼓勵孩子吃青菜、水果等鹼性食物，並多作運動，相信孩子的食慾必能改善。

孩子坐不住怎麼辦？

兒子四歲了，老是坐不住，沒有什麼耐性，我帶他去做感覺統合測驗，帶回來一些紙上治療遊戲。剛開始他很興奮，也很配合的寫或畫這些東西，後來就又開始沒耐性，坐不住了。是否因為我是他媽媽，所以無法達到治療的效果？或是什麼其他的原因呢？

孩子去做感覺統合測驗，卻帶回來一些紙上作業，不但令筆者懷疑其效果，也令筆者感到十分詫異。孩子坐不住，未必都是過動，必須請兒童復健科醫生診斷才能論定。若確定是過動，應該是透過各種遊戲作肢體活動，而不應只是從事紙上作業。一般過動兒，大多因為缺乏運動，或飲食偏差，或早產等，造成感覺統合失調。醫生通常會建議家長帶孩子多玩球類運動，練習丟接球，或玩攀爬、滑輪車等；再配合靜態的手部操作練習，如穿木球、摺紙、玩拼圖、畫圖等，培養孩子手眼協調及專注能力。

四歲孩子不宜作紙上作業，由於手部細小肌肉及手指末梢神經尚未發展成熟，太早執筆運筆，將導致姿勢不正確，影響視力及坐姿，況且幼兒在視力尚未發育完成之前，寫字是非常

費眼力的。因此，在學齡前階段練習寫字，容易造成眼睛斜視、弱視或脊椎骨側彎，筆者有一次，因尾椎疼痛，到復健診所治療，發現許多病人居然都是幼小學生，也有許多中學生在接受治療。幾位一、二年級小朋友做倒掛金鉤式，也就是倒栽蔥式，一掛就三十分鐘，醫生說，是因脊椎側彎，此方式是為了矯正。為此筆者走訪臺北、高雄等地許多復健診所，赫然發現都以六到十六歲兒童居多，他們都是患脊椎側彎毛病，與太早寫字、坐姿不正確有絕對性影響。這些情形，在學齡前階段很少被父母或老師察覺。此外，如未能定期作視力檢查，一旦入小學後，看板書愈來愈吃力，才警覺視力有問題，但是錯過了幼兒階段的矯正治療，已非醫生能力所及了。

無論孩子是否屬於過動，都需要帶孩子多接近大自然，多作戶外活動，注意飲食，對孩子應是有益無害的。

家有「小霸王」

我家有三個兒子，個個都有自己的性格，尤其是今年三歲的小兒子，看見別人的東西就想要擁有，衍生出來的一些動作，實在是叫人頭痛。

我們總是認為大應讓小，久而久之，他變成家中的「小霸王」，不小心侵犯到他，還會拿起東西來攻擊人。很想要糾正他，但是好像沒有很好的方法可循，怎麼辦呢？

孩子的性格養成，與早期父母的教養態度有很大的關係。如果要求大的一定要讓小的，其結果是：大的覺得父母不公平，也覺得自己很倒楣，同時造成小的獨霸心理、物權觀念不清，自然十分任性，成了家中的「小霸王」。

兩歲孩子已經學會察言觀色，知道誰可以讓他耍賴，誰比較不易親近。三歲孩子更是已知道他在父母心目中的地位和分量。父母如果對小的凡事包容、忍讓，等於默許了孩子的霸道行為，益發助長小的獨霸氣焰。孩子為爭取某樣東西，有時會不擇手段，大聲哭鬧、摔東西或攻擊他人（因為沒有上策，才會出此下策）。其實，孩子並非完全只為某樣東西，或某種事

情，往往是為了爭取權威與地位；孩子的心中認為：讓了他便是「贏」，達不到目的便是「輸」，而孩子的另一個特質便是「輸不起」。因此，父母必須就事論事，絕不可強行要求大的一定要讓小的，否則每次一哭鬧就立刻得逞，慢慢的，孩子霸道的性格必然會變本加厲。

如果希望改善小兒子的霸氣，必須先讓他學習尊重他人所有權的觀念。凡事要客氣商借，或求情割讓，父母無權要求大的非得讓小的不可，除非是大的心甘情願讓小的。此時，父母必須稱讚：「你真是好哥哥，會讓弟弟。」說不定大的還會向弟弟說：「弟弟！這個也給你，你要不要？」因為大的受到父母稱讚，樂在心頭，「東西」對他來說已經不重要了！有時父母可以技巧的帶開，以另一種東西來轉移孩子的目標，或索性告訴孩子：「哭是沒有用的，如果你真喜歡哭，媽媽找個舒服的地方讓你哭，哭渴了，可以喝一杯橘子汁，哭累了可以躺下來睡覺。」說完了親一下孩子就走開。如果能溫和的處理孩子的情緒問題，孩子的情緒也一定能逐漸穩定下來。

筆者在前幾則案例中也曾提過，處理孩子的情緒問題時，父母的情緒絕對不宜衝動，必須「立場堅定」、「態度溫和」，慢慢的，孩子學會體諒父母的立場，也學習到是非觀念。教育孩子不是靠權威或長篇大道理，而是身體力行，因為父母的言行舉止便是孩子的榜樣，大意不得。

孩子是個左撇子

大班的立挺是個左撇子，在父母的嚴厲要求下，他開始改用右手。身為老師的我，該怎麼做才能維持正確立場呢？

一般人常稱慣用左手的人為「左撇子」，其中隱含著強烈的批評色彩，這對慣用左手的人而言，是個非常不妥的稱謂。心理學上稱偏用左手操作的人為「左利」，偏用右手的人為「右利」，感覺上就比較溫和與尊重了。

一個人習慣用左手或右手，其實是一種很自然的行為。但由於這是個右利的社會，人們受到社會規範影響，大多數父母都會要求孩子使用右手。如果孩子使用左手的堅持度比較高，父母或老師會因此認為這類孩子的性格比較怪或比較固執，硬要孩子改變習慣使用右手，這會十分困難。對於偏用左手的孩子，老師或父母如以強迫的方式要求孩子改用右手，會造成孩子心生挫折而緊張，往往會產生許多後遺症，例如：口吃、做惡夢、尿床等現象。在歐美國家便沒有這項困擾，他們拿刀叉用餐，無所謂以哪隻手拿刀或叉子；東方人以筷子進食，相碰形成不便，才有從小被訓練用右手的問題。至於寫字也是習慣

問題。筆者有一次在過年前行經永和時，曾見到一名男孩在路邊設攤用左手以毛筆字寫春聯，字跡娟秀漂亮且生意興隆，由此例子來看，實在沒有十分必要刻意糾正不可。如果父母期望孩子改用右手，對於堅持度高的孩子，可以運用遊戲方式慢慢的鼓勵孩子改變，例如：畫圖時，請孩子先找出自己喜歡的彩色筆，各放在左右兩側，用左右手輪流拿色筆來畫圖，不但可以提高孩子的興趣，也可以使孩子樂於嘗試使用右手。還可以在吃飯時，鼓勵孩子輪流用左右手各餵自己一口飯、一口菜……漸漸培養孩子「雙手萬能」。老師或父母如果再從旁稍加鼓勵，那麼要孩子使用右手，就不那麼困難了。

如何處理孩子的情緒問題？

孩子在幼稚園上陶土課時，別的小朋友惹他，他抓起陶土就往人家臉上塗抹。老師問他，他說：「我覺得好玩！」老師也拿陶土塗在他的臉上，讓他也嘗試了解這樣的感覺，他一直大叫：「好難受哇！」我並不反對老師這樣的處理方式，卻也擔心以暴制暴是不是好方法？

處理玩陶土的糾紛，老師採取了以其人之道還諸其人的方法，對於以感覺取向，是非觀念尚且模糊的孩子，很不適合。如此做等於教育孩子：連老師都可以把土抹到別人臉上，我們當然也可以。被老師抹臉的孩子，只會氣怒老師對他不好，讓他難受，卻不能體會老師「要讓他嘗到苦頭，才不會『捉弄』別人」的用心。事實上孩子可能體會到另一層想法：今後只要誰對我不好，我就要讓他難受一下。

以暴制暴的方法，只會埋下成人難以理解的後遺症。針對這個個案，筆者認為比較妥當的處理方式是：

先同情被害者

老師應快速地把他的臉清洗乾淨，邊處理邊安慰，才不會引發孩子報復的心理。

協調處罰事宜

向肇事者說：「陶土應該在陶板上玩，你玩到××的臉上，覺得很好玩是嗎？」再轉向受害者問：「×××，陶土抹在你的臉上，你覺得怎樣呢？」讓受害者說出難過的感覺，請受害者想出讓對方必須道歉的方法。筆者曾輔導過以下個案：兩位小朋友為了搶一塊積木起衝突，甲方打了乙方，乙方怒氣沖沖找筆者出面處罰甲方，筆者問明原因後，問乙方要筆者如何處理才公平。氣怒時想出的方法往往令人咋舌，乙方說應該把對方的手砍掉。筆者隨即反問：「那他想做好事的時候，沒有手怎麼辦？」孩子思考了一下：「那就不要砍，改成把他綁起來。」筆者再回應說：「綁起來不公平，因為他只有手不乖，不是從頭到腳都不乖。」乙方也馬上改口：「好嘛！把那隻打人的手放進口袋裡，不能玩玩具。」徵得甲方同意後總算「成交」。

孩子的心地都十分善良，只要老師引導雙方表達感受，就可逐步找出皆大歡喜的方法。老師扮演法官角色，如果判決不令孩子口服心服，一轉身又會打鬧，並未達到疏導效果，實在沒有必要。仲裁時，主要是讓孩子們學習到，侵犯別人是要付出代價的。

不愛看書的孩子

兒子排斥看書，寧願聽錄音帶或看錄影帶。雖說學習方式有許多種，但是，他今年已經小學一年級了，在認字和閱讀的訓練中，應如何改進？

培養良好的閱讀習慣與閱讀興趣，必須有良好的環境與氣氛：

方便而舒適的空間

讓孩子擁有一個陳列式書架，取放方便。一張小書桌，或幾個可席地而坐的軟墊。

良好的照明設備

刺眼的日光燈或強烈的陽光照射，容易使視力疲勞，都不適合閱讀。

新書介紹

先向孩子介紹新書的故事，有了初步的概念，孩子會比較有重複去熟悉故事的動機。介紹完新書的故事後，可和孩子討

論書中的角色、景物的描述，使孩子有重新回顧機會，加深對故事的印象。

討論書中情節

讓孩子找出圖畫中的情況，研討：「為什麼樹葉會在半空中而不是長在樹上？」「小蝸牛辛苦的到樹上想摘櫻桃，快要摘到的時候，卻突然被一隻鳥飛過來叼走了，如果你是那隻蝸牛，你有什麼感覺？」筆者曾經以同樣的問題問過小朋友，結果發言非常踴躍，甲說：「我會很生氣。」乙說：「我會大聲哭。」丙回答：「沒關係！再種就會有。」丁說：「有什麼關係，到別的地方去找。」……跟孩子共同閱讀討論，不但對孩子的思考模式多一份了解，也使一本圖畫故事書發揮更大的效用。

聽故事錄音帶或錄影帶，或許可以培養聽的能力，但卻只是單項輸入，盲目接受，未有反芻思考機會，對於溝通與創造力並無幫助；尤其在是非概念尚未成熟階段，孩子通常對錄影帶中的好壞行為照單全收，除非父母從旁說明，否則害處無窮。

學齡前及低年級的孩子，「讀圖」比認字重要，因為讀圖可以提供孩子更寬廣的思考空間，每天可以用不一樣的心情，發揮不一樣的創造思考的效果。

親愛的家長：我們應該重視親子「看圖說話」的樂趣，有「讀圖」的興趣，必然能夠培養閱讀的習慣。如果以「訓練」念頭去要求孩子的識字能力，恐怕會令人失望嘍！

孩子像隻刺蝟一樣

我家大兒子今年四歲，脾氣壞透了，簡直像隻刺蝟。任何人只要礙到他，就一定倒楣。每天送他到幼稚園，只見小朋友都避之唯恐不及。我和先生工作都很忙，回到家，常常因為他太壞而生氣，真不知道該如何是好。

四歲的孩子若遭遇挫折，尚無法透過語言來完整描述他真正焦慮的原因。此時，如果父母又缺乏和孩子溝通的時間，孩子很容易把不愉快的情緒反應在摔東西或欺侮人的行為上，主要是為了引起別人注意、祈求重視他的感覺；只是引用的方法不為成人接受，自然備受責罰。因此，往往前面情緒沒能疏導好，後面便會接二連三出狀況。所謂一波未平，一波又起，令成人苦惱不已。

孩子絕不會無故發脾氣，如果不是生理問題，父母可能要考慮溝通技巧。許多父母都缺乏耐性傾聽孩子的心聲，也很少停留忙碌的腳步，仔細端詳孩子平時的舉止與表情，只有當孩子出現攻擊性行為時，父母審判、責罰、懊惱和生氣的言語，通通傾囊而出，毫無溝通技巧可言，不但傷害了孩子，也傷害了自己。如果這種狀況持續下去，孩子發脾氣便會成為一種習

慣，父母的「生氣」，也將永無止境。

孩子不會因為父母生氣責罰而變乖，只會因為害怕父母的氣勢而稍微收斂。在口服心不服的情況下草草收場，日後將會依然故我，有朝一日，很可能由小刺蝟演變成大刺蝟。孩子的人格教育，如果不從小打下良好基礎，長大後所要承受的壓力與代價，恐怕是無法估計的了。

成人的情緒反應，常是孩子模仿的對象，無論孩子脾氣多壞，成人千萬不可反應過度，以免加深彼此痛苦，也失去孩子對成人的信賴。但是，父母也是人，不是神，自然會有脾氣，脾氣上升時，若不能向孩子發脾氣，也要有宣洩的管道。此時不妨去面對鏡子：「我怎麼生出如此壞脾氣的孩子？才四歲就使我氣得頭頂冒煙，真恨不得一掌劈死他！」然後再請自問：「為什麼孩子脾氣會這麼壞？是如何造成的？我要怎麼做才能改善？」唯有「用心」才是力量的中樞，也才有毅力調整生活步調，挪出時間與孩子共處。尊重與了解才能化解對立，讓孩子因感動而心悅誠服，壞脾氣才能逐漸消失。

8 可否提前塑造「ABC 娃娃」

最近在一份雜誌上看到一篇文章，敘述一個母親用美語卡來為八個月大的嬰兒教授美語。當孩子一歲九個月的時候，就會用簡單的美語和家人對話。這篇文章並且還強調愈早學習美語，不但可以提前發展說美語的能力，還可因刺激大腦發展，而變得更聰明。

我也想為快滿一歲的孩子如法炮製，我先生卻不同意，他認為將來溝通上會有困難，這令我十分困擾。

嬰兒學習語言是先由聽開始、逐漸模仿學習，耳濡目染之下，自然學會了本國母語。嬰兒階段，語言的環境無論提供哪一國語言，只要不斷重複模仿學習，都能學講第二國語言。筆者歷數十年幼教生涯，不難發現：凡是在外語環境中成長，三、四歲回國後，說得一口流利外語是非常平常的事；如果回國後，父母仍然以外語跟孩子溝通，孩子的外語能力，自然有一定的水準，然而這些「ABC 娃娃」一旦到幼稚園面對團體生活，大多人際關係欠佳，往往因為對方聽不懂而心生挫折，或誤以為對方不接納他而發生衝突。此外，他還必須努力學習

聽與說，大約半年時間，本國語言學會了，但是外國語言也就忘得差不多了。也有用心的家長，本身也會說外國語言，在國外時，在家中均與孩子以母語溝通，孩子在外面則與外國孩子以外語溝通。回國後，反過來，在母語系的環境中，為怕孩子好不容易自然學得的外語會忘記，便在家中以外國語言和孩子溝通，孩子必逐漸適應雙重語言，並且是自然而毫無困難。

筆者曾兩度應邀到菲律賓為華僑幼教老師授課，發現僑校學生因環境因素，能操四種語言並無困難（英語、華語、閩南語、菲語等），可見語言只是聽力與記憶的練習，和聰明與否無多大關係。刺激大腦聰明，要靠成人不斷以鼓勵和尊重的態度與孩子溝通，並透過參觀、旅行、運動、藝術陶冶等，才能豐富孩子的內涵，增長孩子的智慧，同時促進他擁有良好的言語表達能力，並非因學習多種語言而使智力變得異常聰明。事實上，保有孩子強烈學習動機才重要，並非學習時間的早晚問題。許多枱面上的政治人物，原本一句台語都不會說，基於需要，在短時間即能琅琅上口。所以美國最新研究指出：孩子不是愈早學習愈好，而是愈成熟，學習效果才愈好。希望天下父母，在母語表達尚未流暢前，別為了追求時髦而要求孩子學習外語，反而忽略了孩子全面的發展。

時下標榜「全美語」幼稚園托兒所十分盛行，家長也趨之若鶩，有些堅持所謂的「No Chinese」政策，嚴重影響孩子文化認同及價值觀，產生自卑與自我肯定低落。筆者不禁要問：「這些孩子接受全美語的結果，一旦進入小學是否還需要去補中文？」值得關切。

孩子吃個不停怎麼辦？

孩子總是不能節制的吃，常吃到肚子撐著了、吐了才停止。試過很多方法勸導還是無效，怎麼辦？

我們曾經處理過類似的個案，據醫生說：「患有憂鬱症、心理空虛、寂寞或輕度智障，或某種因素導致學習障礙，缺乏成就感的小孩，大部分都以吃來滿足自己，他們不知道胃是否飽和，直到吃撐為止。」如果不是以上因素，可能是父母生活太忙碌了，缺乏時間陪伴孩子；或期許太高，帶給孩子過當的壓力；有時候，孩子會在無聊、食物又有唾手可得的情況下，逐漸養成身不由己的好吃習慣。您說試過很多方法勸導還是無效，不知道您試過的是哪些方法？如果只是威脅、利誘、恐嚇、處罰等，自然只能達到短暫效果，或根本無效，因為這些方法，只會帶給孩子不悅，可能更變本加厲。「吐」也是引發成人注意的一種反應；唯有當他「吐」的時候，父母才會心疼，有拍拍安慰等動作，孩子可從如此的肢體語言中獲得一點平衡。如運用鼓勵方式也許能獲得孩子一時的合作，然而「抽象語言」對孩子來說會覺得：「每次都是這樣！」最後也就當耳邊風。

筆者建議，不妨考慮在茶几上放置一盤切好的水果、生菜沙拉，讓孩子多吃這類鹼性食物，並且在種類上加以變化，不僅可以解饞，也不會傷身體。避免食用罐頭果汁、汽水、可樂等，這些食物只有熱量、色素……對孩子健康有不良影響。此外，戶外活動對孩子的情緒與體力及消化系統非常有幫助，可以減少嘔吐，應利用週末假期帶孩子到戶外登山、郊遊、參觀、旅行。偶爾說故事、閱讀、做童玩、談天等，可增進親子感情，相信孩子在生活獲得充實後，一切不良習慣定會逐漸消失。

10 怕鬼、怕黑的小孩

我的小孩自從上了小學一年級以後，膽子突然變得很小，晚上在家裡也會怕黑、怕鬼出現。他告訴我同學說的鬼故事，他知道那不會是真的，可是還是會怕，我該怎麼化解他這種情緒呢？

小學一年級的孩子，想像力比較豐富，對於鬼故事大多愛聽，感覺很刺激，卻又害怕。尤其到了晚上關燈後，屋裡一片漆黑，更彰顯鬼故事的魅影隨行，令人不寒而慄。孩子如反應怕黑、怕鬼，並非父母要求孩子不要怕就能不怕，而是孩子對鬼故事餘音產生幻覺的心理因素，唯有接納孩子害怕因素，才能進一步幫助他克服怕鬼的心理。例如：

親子夜遊活動

全家帶著手電筒，到附近郊外走走，看看天上流星、明月，跟月亮賽跑，觀察昆蟲，小蟲吱吱，流水潺潺……多次夜遊後，反而覺得夜遊別有一番樂趣，原來夜晚的視野與白晝是那麼不一樣，黑夜不但美，也很好玩，回來再討論、回味，會使孩子感到晚上夜遊比看電視更有趣，因為可以身歷其境嘛！

不妨試試。

把「鬼」具體化

傾聽孩子複述鬼故事，一起和孩子畫下或雕塑出故事中最足以使孩子感到害怕的「鬼」。完成作品再相互觀摩，將發現沒有一個鬼是一樣的，因為那都是每個人想像出來的呀！

為孩子編織更多「鬼故事」

例如：愛哭鬼、愛笑鬼、餓死鬼、頑皮鬼、髒鬼、懶惰鬼、愛心鬼等，幽默有趣，可藉此轉移孩子對鬼的感覺，說不定開始對鬼產生好感了呢！

玩「鬼」遊戲

閒暇時若能利用紗巾、白被單等裝扮成鬼，玩抓鬼遊戲，透過遊戲，往往也能克服孩子怕鬼的心理。

孩子無論害怕什麼，不宜僅以「不會有鬼」或「別怕！別怕！有媽媽在」這些用語來安慰，這並不能幫助孩子克服怕鬼的心理，運用以上紓解之道或許更能改善。

喜歡和別人比較的孩子

四歲的兒子喜歡和幼稚園裡的小朋友比玩具，「芭比口袋娃娃」買了一個又要求一個，還提到不買就「沒面子」。這種心態要如何矯正？

每個小朋友都希望自己是贏家，比玩具是其中一個現象。平時即應隨機教育：每個人長相不同，喜歡的東西不同，自然每個家庭所擁有的東西也一定不同。重要的是：父母要幫助孩子獨立，培養孩子能力所及的生活自理行為，孩子方有餘力去幫助別人，進而獲得友誼，並非要靠玩具充面子。此外，若父母順著孩子，處處滿足孩子的要求，再多的玩具，孩子也不嫌多，尤其要求買玩具不是為興趣，而是為了「面子」問題，已有了不健康的虛榮心理，更會養成因好勝好強不易滿足。平日除了以故事來感動孩子，不妨帶孩子參觀孤兒院，會讓孩子對親情、友情更珍惜；也許四歲的孩子體會不深，但是可以感受到自己比他們幸福多了。同時，多鼓勵孩子跟自己的進步比賽：今天比昨天多交到一個新朋友，多做了一件幫助人的行為，多學會一首歌、一種遊戲等，逐漸把重視物質的心態轉移到個人成長上。假以時日您會發現：孩子已逐漸邁向成熟了。

12 不肯上學的孩子

孩子今年剛入幼稚園小班，可是總吵著不要上學，問他為什麼，孩子也說不出個理由。該如何幫助孩子跨出這一步呢？

回憶一下，我們成人如果初到一個新環境，心理是否也會有些不自在？何況是小孩！孩子初入新環境，所看到的淨是前所未有的陌生設備，從未謀面的老師及小朋友，對三歲幼兒來說，內心惶恐、焦慮自是難免，父母應站在孩子的立場，接納他不安的情緒，並同情孩子的感覺。不過在孩子入園前，父母的鼓勵對孩子心理的準備很重要，有些父母告訴孩子：「你這麼不聽話，上學以後如果也不聽話，老師可會打人哪！所以你上學以後一定要聽老師的話。」這種鼓勵方式，反而會讓孩子心生害怕而不敢上學。應該是：「你長大了，只有媽媽愛你已經不夠，媽媽要帶你去幼稚園，裡面有好多老師愛你，說故事給你聽，帶你玩……還有好多玩具，好多小朋友跟你玩……」把幼稚園描述成孩子嚮往的天地，偶爾也帶孩子去幼稚園走走，熟悉新環境。如有時間可以做短期的陪伴，等孩子與幼稚園的人、事、物開始熟悉，交到朋友，必然會說：「媽媽你回

家，我不要你陪！」如此是最理想的收場，您的孩子已邁出獨立的一大步；但老師也必須要有此共識，能不介意家長在場。

許多幼稚園老師會以家長在場將使孩子更難帶、影響上課為由而拒絕。這是逃避的心理，唯有面對問題，克服念家黏母的情結，才是根本之道。如果家長沒有時間陪伴，必須要讓孩子清楚知道媽媽要去上班了，才能離開，千萬不可悄悄溜走，那會使孩子產生對成人的不信任。如果可以陪伴，絕不可給孩子任何暗示，只能保持沉默與微笑，並且由在教室內陪，逐漸至教室外而至辦公室等候，每當孩子想媽媽時，可以在園內找得到媽媽。如果孩子期望媽媽協助，媽媽只要跟孩子說：「我不是老師，在這裡我只是客人，你應該去找老師。」凡事不要攬下來，增加孩子與老師接觸機會，一方面不會讓老師角色難為，另一方面也才能幫助孩子慢慢脫離依賴而逐漸適應新環境。

愛說話的孩子

女兒四歲半了，說起話來沒完沒了，甚至不斷出現「停！你們大家都聽我說。」的話，這種勇於表達，卻又十分霸道、以自我為中心的情況，究竟是不是值得鼓勵？

如果您家裡有個愛說話的孩子，也許她的感覺比較敏銳，對任何事都會有感而發，再加上表達能力不錯，便樂於滔滔不絕說個不停了；此外，或許與父母感情很好，急於把經驗與父母分享。如果實在聽煩了，不妨告訴她：「謝謝你跟我說這麼多話，現在我的耳朵需要休息一下，請把話先錄下來（準備一臺錄音機），等媽媽耳朵不累了再好好聽。」也可以建議孩子把想說的話畫下來，孩子有事可做，自然就不會在旁邊喋喋不休了，無形中也可培養另一項興趣。要求孩子聽話，必須摟著孩子慢慢溝通，如果以權威方式命令孩子「閉嘴！」或罵「吵死了！」自然造成孩子不快樂，必將無法贏得孩子的合作。但是如果不斷出現喊「停！」禁止別人說話的不禮貌行為，自然需要設法改善。有時不妨告訴孩子：「對不起！現在輪到我講，請你嘴巴休息一下。」讓孩子學習尊重對方發言權，也從中培養傾聽的態度，如此，在同儕中才會受到歡迎。

愛撒嬌的小男孩

小兒子五歲半了，還是非常愛撒嬌，又喜歡搖來搖去，實在沒樣子。總想說他還小，但有人勸我：要從小糾正，不然，將來沒男人樣。真的會影響這麼遠嗎？還是再大點兒就好了？

七歲以下的孩子，對性別概念尚未分化，父母不宜以二分法來期許孩子：男孩要像紳士或勇士，女孩要像淑女或嬌娃。以心理學角度來分析：無論是男孩或女孩，如果跟父母一方比較親密，相處時間較多，其行為舉止較易受到影響；而這些行為表現，並不一定會影響日後性向的發展。在成長過程中，周遭有太多現象引誘孩子學習，往往學到新的就把舊的淡忘了，這是因為孩子尚未定型的緣故。

孩子愛搖來搖去，並沒有什麼不好。看在成人眼裡，好像有失莊重，可能覺得孩子有點「小三八」，但對孩子來說，卻是因為心情愉快的具體表現。勿以成人的價值觀來衡量孩子的行為，這是十分不公平的。如果期望男孩子有點「男人味」，不妨請爸爸出馬，帶他做些較為陽剛的運動，滿足孩子好動的本性，也讓孩子有機會跟爸爸建立親密關係，說不定他又會開始模仿爸爸的舉止呢！親愛的家長，安啦！

「憋尿」的嚴重後果

孩子不敢在學校上廁所，常常憋尿，怎麼辦呢？

我們都知道「憋尿」會導致膀胱炎等嚴重後果，孩子在幼稚園不敢上廁所而憋尿，是否幼稚園的廁所有臭味？或馬桶內糞便未沖掉？家長不妨到幼稚園的廁所看一下。如果有上述原因，應該反映給園方，園方保母或老師宜作以下配合：

1. 帶領幼生到廁所，清楚示範如廁方法。
2. 隨時（只要大人上廁時）注意馬桶的清潔，如果發現糞便未沖或沖不乾淨，就應該順手沖掉，或用刷子清洗一下，以保持清潔。
3. 如果馬桶蓋上有尿液，更應該順手用衛生紙擦去。否則孩子不小心坐在尿液上，也易導致今後憋尿的問題。
4. 馬桶蓋如果壞了，應該儘快換新。冬天讓幼兒坐在冰冷的瓷架上，最令幼兒反感，自然會逃避上廁所了。
5. 水箱上應該放置衛生紙，供幼兒方便取用。
6. 將廁所美化一下，放一盆花，貼幾張圖片，比較能吸引孩子如廁。
7. 發揮大人對孩子的敏感度：例如發現孩子一面玩、一面還

夾著屁股扭來扭去，就已是憋尿現象，應立即提醒孩子趕快上廁所。

8. 若非以上因素，恐怕就得去看醫生了。

如果是上了小學還會憋尿，不妨找有關憋尿後果的醫學常識，為孩子作分析，諸如因憋尿所引起的膀胱炎，有尿卻無力排尿的痛苦情形，讓孩子了解到憋尿的嚴重後果，自然就會改善憋尿習慣了。

16 有吸手指和咬指甲習慣的孩子

我是一個職業婦女，扣除上班、做飯及整理家務的時間，陪孩子的時間所剩無幾。我的大女兒今年上小學一年級，凡事都讓我很放心，唯有吸吮手指及咬指甲的惡習，令我既難過又痛苦，勸說、處罰全都無效（三年多了）。我該怎麼辦？

孩子養成吸吮手指頭及咬指甲的習慣已有三年，如此長時間的養成，絕沒有任何妙方可以在短時間內改善。有道是，不良習慣的養成，需要有同等的時間，加上耐性輔導才有效果。您是位職業婦女，又自認為陪孩子的時間不多，當然由於缺乏關懷，才會造成此等不良習慣。這是一種自我安慰心理，如果再以權威方式促其改善，恐將會使不良習慣愈陷愈深。平時如發現孩子吸手指頭或咬指甲，千萬不要當面糾正，那樣會有負面增強作用，將使孩子覺得：「媽媽真了解我，我就是一個愛咬指甲的小孩。」

忙碌又憂心的媽媽！唯有您自己設法調整忙碌的生活腳步，才能改善孩子的不良習慣。小家庭必須夫妻兩人合作，輪

流做家事或陪小孩，安排孩子功課以外的休閒生活，例如與孩子下棋、摺紙、散步等。只要讓孩子感受到關懷與飽滿的愛，讓孩子玩得夠、笑得夠，自然沒有時間無聊，不良習慣將因為逐漸淡忘而獲得改善。

孩子許多不良習慣，大多是因父母不大有時間關注才會養成；況且習慣好壞的價值判斷是來自大人，吸吮手指並非有多壞，它不侵犯別人，要改亦不難。只要每當吸吮手指頭時，即建議孩子去拿某種東西，或跟孩子玩某項遊戲，減少吸吮手指的機會，時間久了，也就淡忘了。事隔三年才覺得嚴重，還導致孩子受罰，實在很無辜，也很不公平。願天下忙碌的父母深思啊！

17 孩子吃飯慢吞吞怎麼辦？

孩子吃飯的時候，速度又慢，吃得又少，每餐都得花上一個小時才能吃完，怎麼引導都沒有改善，怎麼辦呢？

孩子吃飯慢有許多原因：有的是滿口爛牙，造成咀嚼困難，使孩子視吃飯為畏途；許多父母擔心孩子吃得太少或掉飯粒而餵孩子吃飯，逐漸使孩子視餵飯為理所當然，自然懶得自己吃飯了；也有些父母都是上班族，與孩子聚少離多，餵飯成為孩子擁有父母照顧的一項享受，吃得愈慢，占有父母的時間愈長，感覺得到的愛也比較多，當然也不願自己吃飯了。

孩子吃飯速度慢，又吃得少，也可能是生理不適，或平時吃太多零食，影響食慾。不妨先提供一小匙飯、一點兒菜，讓孩子輕而易舉的吃完，孩子可能會說：「媽媽，我還要！」父母及時鼓勵：「怎麼吃得那麼快？你的手和你的牙齒好能幹哪！」而不是：「你好棒！你好乖！」如此具體的讚美才有真實感。孩子都渴望成就感，愈具體的讚美與鼓勵，愈會刺激他進步。孩子吃飯掉飯粒，是因為孩子小，手眼協調尚未完全發育完成所導致的正常現象，如果叮嚀孩子：「吃飯要小心，不

可以掉飯粒。」孩子會因為怕掉飯粒而害怕用餐。所以，千萬不要埋怨，只要地上鋪報紙，告訴孩子：「你可以放心吃飯，如果掉飯粒，有報紙在下面接著，不用擔心。」孩子便可以放心用餐了。一旦自我用餐經驗累積，掉飯粒現象必然獲得改善。其他如：改變菜肴、餐具、用餐氣氛等，例如偶爾在客廳用露營野餐的方式，在地上鋪大紙巾，就地用餐，最令孩子樂得吃飯了，還會說：「我還要！」呢！孩子的麻煩是大人養成的，自然得靠大人多費心了。否則，如果當了父母卻不肯用心，又要要求孩子順自己的心，天底下哪有這麼便宜的事，您說是嗎？

18 孩子是「兩面人」

我的孩子已經念大班了，老師說他很能幹，在學校會自己整理東西，收拾玩具，對其他小朋友謙讓。但是，在家裡他卻完全不是這個樣子。這種情況該如何解釋呢？

幼稚園與家庭，是兩個截然不同的環境，尤其是老師帶領小朋友，與家長和孩子一對一的相處，在教育的方法上自然不大一樣：孩子對父母的「意圖」瞭若指掌，能耍賴就耍賴（尤是對缺乏原則的父母親），而幼稚園是培養群育的場所，有許多行為規範要遵守，如果老師對學生多鼓勵少責備，大部分小朋友都會樂於合作。您的孩子大概在幼稚園受到尊重與鼓勵，受到老師讚美，所以才會表現良好。孩子如果體會到在老師心目中受到肯定，就比較會對同學謙虛，自然會受到同學們歡迎、贏得友誼，當然也就會表現得愈來愈好，這是良性循環的結果。

可能您是一個勤快的母親，雖然孩子在家會耍賴，卻在潛移默化中擁有整理的本事，待人謙和自然也受父母身教影響。今後，要求子女的標準不妨稍微降低，只要孩子肯合作即給與熱烈的回應，不要只看到不好的一面，雞蛋裡挑骨頭，只會讓

孩子放棄努力，最後乾脆充耳不聞。孩子最需要的是「成就感」，在鼓勵中長大的孩子，才會滿懷信心，努力向上，快樂的完成大人交付的任務。

您的孩子可能對感情比較敏感，籠統的說，是比較聰明，知道如何去適應不同的環境。如果孩子變成所謂「兩面人」，也是受環境的影響，所以家庭教育與學校教育若能相互配合，也就無須讓孩子扮演「兩面人」了。

喜歡自己挑選衣服的孩子

嘟嘟上學後，意見特別多，每天早上為了穿什麼樣式、顏色的衣服，總是爭執不下。讓他自己挑選，一個小時都出不了門，幫他選，又哭鬧不服從，真令人困擾。

愛漂亮是人的天性，孩子也一樣。如果父母十分注重穿著打扮，孩子在耳濡目染之下，當然也會「愛漂亮」，在穿著上會有強烈好惡。只是孩子缺乏判斷能力，又要學習自主，才會造成自己舉棋不定，令父母困擾的局面。

父母可以在前一天晚上，撥點兒時間與孩子先行討論次日的穿著，提供意見，但是不要代為決定。一方面可以使孩子從討論中，學習搭配及穿著藝術，另一方面可以從親子相互討論中，感覺受到尊重而學習尊重對方；同時，也培養孩子理性思考的判斷能力。唯有父母付出最大的耐心，才能引發孩子變得有禮貌、肯合作而逐漸邁向成熟。

如果父母因為忙碌，沒有太多時間跟孩子「磨」，可以先為孩子選出兩三件衣服，再讓孩子從中挑選，二或三選一，事情就簡單多了。讓孩子挑選時，父母的語氣要溫和，但是態度要堅定，跟孩子說：「如果你不願意穿著睡衣或光著身子上

學，就請在這幾件衣服裡挑選一件。」說完即刻離開，以免因孩子乞求的眼光或憤怒的表情而動搖您的決心。孩子對父母「察言觀色」的能力是與生俱來的，當他感覺父母的原則無法動搖，也會學著妥協，只要孩子有妥協行為，記得以心存感激的心情說：「謝謝你聽媽媽的話，我好高興！」孩子才能深刻體會到：「原來我聽話，媽媽會這麼開心。」孩子漸漸會比較理性的服從。

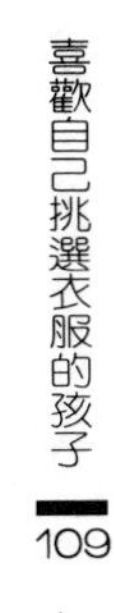

不懂得分享的孩子

孩子從小就被爺爺、奶奶寵慣了，現在，都已經念小學了，還是不能養成「分享」的心態，怎麼辦呢？

筆者多年輔導生涯，面對太多不同個案，深感孩子的問題都是來自父母的身教。如果父母不能調整管教態度，不能設法與長輩建立親密關係，卻一味把孩子負面行為都記在老一輩的帳上，有這種心態，要期望孩子變好，實在不容易。

年長一輩平時如果未能汲取新知，與時代脫節，又加上固執，對孩子寵而不教，流於放任，實令許多年輕父母頭痛不已。往往因為兩代間教育觀念與管教態度的不同，而造成不睦，下一代的幼小兒童看在眼裡，其內心的困惑、焦慮、矛盾與不安，是可想而知的。

孩子有了爺爺、奶奶作靠山，更會無視於父母在家中的地位。身為孩子的父母，唯有努力思考對策，否則只有痛苦與無奈了。要改變老人家，是不大容易，因此建議年輕父母：不要因管教孩子而形成對立，要把老人家寵愛孩子的行為視為理所當然，如此，心裡就會好過些。但是，父母千萬不能忽視身教的功能，凡事主動與老人家分享，與孩子分享。例如：請孩子

拿某種食物請爺爺、奶奶，或與孩子分享一件事物時，都必須向對方說：「謝謝！」孩子把作業交到父母手上，也要跟孩子說：「謝謝你把作業讓我看！也請你拿給爺爺奶奶看一下。」許多禮貌行為都隱含著分享的意味。如果孩子霸氣太重，可針對問題，在不動怒的情況下，沒收孩子某種權利，讓孩子覺得父母權責的威信也必須遵守。只要父母堅守原則，孩子心裡會有數，感覺自己有錯，父母這一關必通不過。漸漸的，孩子就可體會出：雖然他獲得爺爺、奶奶寵愛，但並不代表可以逃避父母的管教。平時有好吃的食物，不要只給小孩子，而忽視「大人也很重要」，許多父母會買些孩子愛吃的東西，悉數讓孩子享用，自然就沒有機會教育孩子分享。

　　應該經常讓孩子扮演小主人身分，請孩子把食物分享給家人，同時藉此向孩子道謝，教導孩子回應「不客氣」，然後孩子才開始自己享用，孩子必體會到分享的樂趣，逐漸建立分享能力。

爲獲得讚美而做事的孩子

給與孩子太多讚美，究竟對不對？最近發覺孩子有為了得到讚美與獎勵才去做事的傾向。是否該停止讚美與獎勵孩子呢？

鼓勵和讚美其實是很不同的。「鼓勵」如雪中送炭，同時，是強調努力的過程。如果孩子缺乏信心、毅力，或是耐力與能力不足時，稍微給與鼓勵的語言，如：「我相信你如果再加把勁兒，一定可以做到的。」等於對孩子提供了強心劑。

相對的，「讚美」如錦上添花，強調結果。每當孩子做到一件事或獲得欣賞，便給與正面增強，如：「你做得好棒！」或：「你好漂亮啊！」適度的讚美確實能增強孩子的自信心，但是若給與過多的讚美，可能導致孩子虛榮心。每完成一項任務或任何表現，都期望得到讚美，而一旦未受到讚美，會以為自己不夠好，甚至一旦讚美消失，自我價值的肯定就可能動搖而模糊了。

「鼓勵」代表重視孩子有效處理事物的努力。在孩子努力的過程中，如果遇到挫折，「鼓勵」會使孩子增強信心，更有勇氣去嘗試，進而承擔得失，為自己行為負責。如能自小培養

責任感，對孩子未來學業，甚至對成年後的事業也都有莫大影響與助益。「鼓勵」是重視孩子內在的評量，使孩子覺得唯有付出努力才是最重要的，更能有效激勵向上。

「讚美」是外在表現良好時的一帖清涼劑，不但小孩子喜歡，許多大人也樂於接受「高帽子」。「讚美」要針對具體表現，如：「你的功課比上次進步了。」或「你每天會向家人道早安，好有禮貌哇！」……等。孩子感到他的努力受到重視，就是所謂正面增強作用，自然會使好的行為繼續保留。如果讚美：「你畫得好棒啊！」有時孩子會覺得你騙他，因為他覺得並未用心，畫得並不好，漸漸會對讚美無動於衷了。所以「鼓勵」會激勵孩子努力向上，覺得溫馨，而「讚美」則是要適度，否則反而對孩子有害了。

喜歡上才藝班的孩子

孩子不喜歡上才藝班，可能是大部分家長頭痛的問題；但是，我家的小孩卻是樣樣都想學，而且都很有興趣。我擔心他負荷不了，想勸他少上一點兒，但看到他捨不得放棄，也只好隨他了。今年他就要念小學一年級了，是否該強迫他停止繼續上這些才藝課程呢？

有許多父母必須連哄帶騙或利誘威脅，才能勉強讓孩子繼續上才藝班；而您卻又因為孩子什麼都想學，而且興趣很濃，擔心孩子身體會負荷不了。真是天下父母心哪！

幼兒階段，不少小朋友興趣很廣，什麼都想嘗試，但並不表示他每樣興趣都能持久。幼兒都具有強烈的好奇心，卻又無法掌握真正的興趣所在，難免對許多學習活動躍躍欲試。父母不妨鼓勵孩子選擇體能方面的活動，不但可以鍛鍊身體，將來進了小學，也較有體力應付功課的壓力。其次在音樂、美術方面，如果有興趣也值得鼓勵，但是必須志在培養興趣，豐富孩子的感情世界，長大以後懂得欣賞藝術，也是人生一大樂事。父母平時必須多注意孩子：是否不偏食、睡得好、排泄正常、情緒穩定、活潑開朗，這些是健康孩子的具體表現。有了以上

基礎，父母沒有理由拒絕孩子多方面去涉獵。上了小學以後，是否要減少或停止才藝課程，都應尊重孩子的選擇，坐下來與孩子討論，並把體力負荷及本身功課的負擔等分析給孩子聽。如果孩子仍然執意要繼續上才藝班，就應尊重孩子的意思，如此，也可促進孩子為自己的行為負責。

但是，父母心中必須有隨時接受中途不想繼續上才藝課的準備，因為孩子活在「現在」，完全未曾考慮「未來」如何。屆時如果因功課或興趣而有所改變，應該要以體諒的心情來處理。有時，尚未定型的孩子，他們的承諾連「上帝」都會笑的，正如我們中國民間有句形容孩子的話「嘴上無毛，做事不牢」，也是提醒大人要以包容的心去接納孩子。有時孩子說得到而做不到是理所當然的，因為他們缺乏判斷事物的能力。例如曾經有個一年級的小女孩，吵著要媽媽買鋼琴，她要和鄰居同學一樣學鋼琴。母親慎重的跟孩子說：「如果中途不彈，花了錢，鋼琴成了廢物，那怎麼辦？」孩子一直說不會，她會努力學習，要成為演奏家。母親又問她：「如果以後不想彈呢？」孩子竟回答說：「那就把我打死好了！」於是鋼琴進了家裡，孩子每天都很高興的彈琴，不到半年，孩子嫌累，已感到沒興趣不肯再彈，當然不可能把孩子打死，母親跑來找筆者，筆者建議，千萬不要把既有的音樂細胞罵掉，尚未定型的兒童，興趣不一定持久，只要告訴孩子：「不想彈可做別的事，想彈就彈。」孩子在無壓力之下，也陸陸續續偶爾坐上鋼琴彈一彈，直到小學四年級，視譜能力及持久力增強，愈彈愈起勁，如今上了國二，任何曲譜已都難不倒她了。所以，就此例子來看，天下父母實在不用太過擔心。

23 不願意參與團體活動的孩子

我的孩子在幼稚園裡進行團體活動的時候，每次輪到他，他總是說：「我好累，我不想表演。」不知道他究竟是怯場還是其他原因？應該如何開導他？

幼稚園團體活動的時候，總是會有少數幾個小朋友坐在一旁不參與，老師只能吸引小朋友參與，卻不宜強迫小朋友，否則，會導致小朋友感覺不被體諒而心生不悅，更加退縮或抗拒。小朋友如果每次都以「我好累」作藉口，希望老師能邀請家長懇談，是否健康或情緒有了問題，再尋求對策，進行輔導。

小朋友常會逃避團體活動的原因有以下幾點：

父母都是上班族，平日太忙碌，較少時間陪孩子玩耍，而委託家中老人家帶。老人家的體力、興趣自然無法滿足幼兒需要，大多只能讓孩子在家中玩玩具、畫畫、看書或做些其他靜態活動。孩子因而缺少到戶外運動的機會，活動量少、體力

差，自然會找藉口不想動。

過動兒

許多有過動傾向的兒童，平時會像陀螺一般轉個不停，站著像跳豆，坐著像不倒翁，老是東倒西歪的。但是，如果真要他運動，卻又缺乏體力；又因平衡感不足，許多球類運動、墊上運動等都有困難，往往邀請他們加入運動時，反而愛躺在地上不動，是最令老師頭疼、操心又操勞的孩子。

偏食

兒童可能偏愛市面上一些所謂的「垃圾食物」（高脂肪、高熱量，以及有色飲料），會造成營養不均衡、精神欠佳，或過於肥胖，因此懶於參與活動。

害羞

兒童可能不願在眾人面前表現，這種情形更是勉強不得，唯有發揮最大的愛心與耐心，不斷鼓勵，幫助他建立信心，才有可能逐漸主動參與團體活動。

前兩種原因，都必須將孩子每天的運動時間提升到至少兩個小時以上，才能改善體力，增加專注力與持久力。如果學齡前階段未付出努力，將來一旦進入小學，再求改善就十分困難了。因為六足歲以前，感官及內耳前庭覺等尚未發展完成，在此時期，可以透過運動幫助幼兒均衡發展。所以年輕父母千萬不要因為幼兒缺乏自主能力，就隨意請人照顧，只重視安全、

溫飽的需要，卻忽視了早期運動的重要，結果後遺症無窮，不但輸了起跑點，也可能輸掉良好 EQ，削弱心靈威力與意志力。

如屬後兩點因素，比較容易改善，只要多花時間即可以改變飲食習慣。鼓勵孩子多參加類似夏令活動，不但可以幫助孩子改善人際關係，也能逐漸體會出團體活動的樂趣。

不願自己背書包的孩子

四歲的女兒有個小書包，無論出門、上幼稚園，她總要帶著它。但是只要媽媽在身邊，她就不願意自己背，一定要媽媽幫她拿，這種行為是否太懶惰了？

每個孩子都期望自己快快長大，背個小書包，就以為是自己已經長大的象徵，所以只要出門就要帶著它。可是為何卻要母親代勞？可能是基於依賴心理。凡事依賴父母代勞的孩子，並非一定是懶惰的孩子，大多是父母有意無意中，主動代替孩子做事情，才逐漸養成孩子依賴的心理，視父母代勞為理所當然了。

也有許多父母因為過於寵愛孩子，否定了孩子的基本能力，變得習慣於孩子對自己的依賴，非得凡事代勞，才能顯示父母親角色的重要，如此很容易模糊孩子是非意識及自己價值的判斷。例如，幼稚園放學時常見的現象，就是父母來接孩子，雖然兩手已經提著東西，卻非常自然的接過孩子的包包，讓孩子兩手空空往前跑。父母在後面直嚷：「等一下！」卻從來不思考問題出在哪裡。

好習慣的培養愈早開始愈容易建立；透過面對面溝通或建

立生活規範來提醒孩子，自己的事要自己來完成。例如告訴孩子：

「每個包包都有自己的主人，你的書包的主人是你，不是媽媽，所以它比較喜歡讓你拿。」

「媽媽的包包媽媽自己拿，所以你的包包也得自己拿，如果你不拿，只好讓包包在家裡休息了。」

孩子不願背包包，表面看起來是小事一樁，其實內在卻隱藏著依賴的危機；依賴是阻礙獨立與自我負責的殺手，忽視不得。任何事情，只要孩子能力所及，就應該及早培養為自己行為負責，為未來的成長之路鋪設得平坦而順利。多一份關心，孩子的未來必然少一份挫折。

每天玩得髒兮兮的孩子

如何培養孩子愛乾淨、懂清潔的好習慣呢？

我的孩子每次回來，衣服髒得可怕，我也提醒過他，可是他所表現的態度，就是無所謂，一點兒責任感都沒有。

您的孩子每次回家，衣服都弄得髒兮兮，足見他在外面玩得多麼盡興。在筆者的經驗中，大多是健康的孩子才有本事玩到全身髒得不像樣。衣服除了美觀、禦寒之外，便是具有保護皮膚的作用，千萬不要只為保持穿著乾淨，而忘了他只是一個孩子，「玩」是他每日的「工作」呀！孩子正處於「好玩」的年齡，弄髒衣服應該可以諒解，否則，一面玩兒，一面還得擔心衣服會不會弄髒，還能玩得快樂嗎？

父母平時如果對孩子抱怨太多，孩子習以為常，自然就當耳邊風了。不妨在平日生活中，培養孩子愛清潔的習慣，如：飯前洗手、飯後漱口，回到家不需提醒即會主動洗澡等，這些習慣與孩子的健康有密切關係，才必須徹底執行。如果弄得像隻土撥鼠，渾身是泥，可以規定孩子先把衣服上的泥沙抖落後再丟進洗衣機；為了避免疾病感染，規定孩子只要從外面玩耍

回來，必須先到洗手間用肥皂洗手才能吃東西。總而言之，不要為了保持衣服清潔，讓孩子失去「輕鬆自在」。孩童時期，「玩」也是在充實經驗、增長智慧，是人生歷程中重要一環。筆者以為，衣服弄髒不可怕，為了怕弄髒而不玩，才值得擔心。一個不愛玩的孩子比較缺乏與同儕分享經驗的機會，思考模式也比較缺乏彈性。讓孩子自在的玩，可使孩子在玩的過程中，不知不覺受到周遭人事物交互作用的影響，擴展視野與生活領域。父母如太早給孩子過高的期望與限制，將使得孩子內在心靈花朵提早枯萎。

親愛的家長，請放下身段，讓孩子活得像個孩子吧！更何況金色童年稍縱即逝，唯有把握此一時期，讓孩子玩出信心，玩出智慧，才能為未來忙碌人生留下永恆而美好的回憶。

26 喜歡玩槍戰遊戲的孩子

小兒子買玩具時，老是挑一些裝填塑膠子彈的槍枝類，回家後跟鄰居小孩演槍戰，或是朝著小動物發射子彈。這種遊戲在安全問題和他的性格成長上，是否有值得思考的地方？

男孩喜歡槍，似乎已被許多父母視為理所當然。孩子手執刀槍，一副威風八面的樣子，看在父母眼裡，簡直帥極了！槍械刀棍等比較不適合在室內玩，比較適合到戶外玩野戰遊戲；如果家長發現孩子時常拿著槍對準朋友砰砰，就不是很好的遊戲了。

個案中的小男孩，常和鄰居孩子玩槍戰。這個階段的孩子，自我中心意識較強，出手不知輕重，容易弄假成真，不但會傷了和氣，也容易造成彼此傷害。愛玩刀槍的孩子大多好勝好強，手中如握有玩具刀槍，很容易把周圍朋友視為攻擊對象，助長孩子英雄意識，唯我獨尊的氣燄，容易與同儕交惡。尤其是朝小動物發射子彈，這種傷害小動物的行為，如果不及時引導，等於是被父母默許；此等行為破壞本有的同情心，父母怎可坐視不管。針對此等行為，筆者願提供以下幾種活動，

例如：孩子愛玩射擊活動，可以利用空罐，或畫一張同心圓圖貼在牆上當槍靶，讓孩子發射，或用沙包、紙飛鏢等，成為手眼協調練習的體能活動。相信不但可以改善攻擊性行為，也可透過它玩出體力、耐力與專注力，但必須花點時間，與孩子共同製作道具，如此，您安心而孩子盡興，何樂而不為？平時多讓孩子聽些柔美音樂，或從事繪畫、塑陶等活動，才不會使幼小心靈上的害蟲（粗野、暴躁、叛逆等）逐日增多。

愛在彈簧床上跳躍的孩子

我的女兒老是愛在家裡的彈簧床上跳躍，屢勸無效，請問我該採取強烈的手段來禁止她這種行為嗎？

嬰兒開始要長牙齒時，需要用牙床啃東西，好不容易牙齒長出來，就開始四處咬人了。這是很有趣的現象，難怪市面上會有許多專供嬰兒啃咬的玩具了。

同樣的，在成長的幼兒，最需要攀爬跑跳的空間，否則會渾身不自在。孩子天生就會有隨地取材的本事，以滿足自己的需要。「跳彈簧床」不失為非常好的體能運動。它可以培養幼兒基本的動作能力，如：平衡感、協調性、敏捷性等。只不過，床鋪比較高，萬一不小心身體失去平衡，從床上跌下來很危險，如果能為孩子買一個訓練幼兒體能專用的彈簧墊，距離地面不及一尺，對孩子比較安全。

孩子許多行為表徵，都是在提醒我們——我們必須為他們違反成人社會標準的行為思考對策，給與適當疏導，不宜一味強行禁止。例如運動這一環，如未能提供足夠運動管道，孩子會因為缺乏運動而成為「過動兒」，不但影響他的專注力與持久力，而且由於他身不由已的動來動去，可能不幸被老師視為

「不乖」，予以責罰，造成心理的挫折，真不啻是雪上加霜。這個問題，實在值得父母與老師一起來關心與重視。

孩子許多行為常被成人判定為「偏差行為」，如果冷靜思考一下「為什麼？」不難發現許多所謂行為問題，卻未必都是孩子的行為問題。例如：「坐立不安」表示孩子內心的不穩定；「摔東西」表示他內在充滿挫折；「好問」問得成人不勝其煩，卻充分顯示孩子的好奇心；「說謊」其實是為了保護自己。……孩子往往因反應情緒而不善用語言表達，才造成父母的誤判，正如同「愛跳彈簧床」是四肢要獲得舒展一樣。只因為他們缺乏人生經驗，無法運用適當方法來取得身心平衡，身為父母的我們，怎能以埋怨代替了解，以禁止代替疏導，以責罰代替管教？筆者也深信天下父母都深愛自己的子女，為何面臨教育子女的困惑卻又不思克服之道。對年輕父母來說，扮演父母角色也是嶄新的經驗，只要用心傾聽子女心聲，與子女分享彼此心情，放下身段與子女共同成長，滿足孩子全面發展需要，相信必能獲得彼此的共識，成功扮演孩子的父母、老師、朋友等多重角色。如此，整個家庭的氣氛必然開放、尊重而溫馨。

不肯物歸原處的孩子

小孩子老是走到哪裡就把東西丟到哪裡，從不按原來的位置放置，請問這樣的壞習慣，應該如何有計畫的去糾正他？

良好的生活習慣必須從小培養，否則愈大愈難糾正。現代社會裡，小家庭制度加上雙親都是上班族，大多為了趕時間，隨手取用東西後，來不及歸回原處就往外衝，結果孩子根本不知道東西從何處而來，也就不知道要放回何處去，怎能怪孩子呢？

「把東西放好！」這是許多父母要求孩子去實行的用語，實在是太抽象了。孩子不知道大人「好」的標準在哪裡，原以為自己已經放得很好，卻又遭到責備：「都不聽話，亂放！」孩子被罵得一臉茫然、委屈，實在冤枉。

父母不妨考慮以下幾點：

堅持原則

每當孩子隨處放東西時，應請他馬上放回原處，不可一邊抱怨一邊又替他收拾，否則永遠無法培養出有責任感的孩子。

分門別類

跟孩子一起把他的東西分類放好，再一起貼上標誌，讓孩子有所遵循，就很容易物歸原處了。

自我評量

設計自我評量表，一星期一張，每日睡前一小時評量，當天未曾隨處丟東西，可獲貼紙一張，否則只寫「加油」二字，以資鼓勵。一旦孩子養成習慣，這種評量自然也可以取消。

機會教育

帶孩子參觀東西都排放得十分整齊的中藥鋪或百貨公司，跟孩子討論：「如果隨處亂放，結果會如何？」掌握機會教育，可以使孩子更了解物歸原處的目的何在。

伺機回饋

一有進步，馬上回饋，可以摟著他說：「你都記住它們的家了，房間看起來好整齊呀！真好！」適度的稱讚，有正面增強作用。好習慣一旦培養好，要改變也不容易呢！

當街哭鬧的孩子

兒子對於新奇玩具索求無度，經常當街哭鬧不休，弄得我手足無措，為免路人的奇怪眼光，往往依了他，心裡卻懊惱不已。

「玩」是孩子的「工作」，「玩具」便是孩子工作的媒介之一。沒有一個孩子不愛玩具，如果毫無規範，自然就索求無度，並養成喜新厭舊的心理。

帶孩子出門以前，先讓孩子知道今天出門的目的，是訪友、參觀、陪父母購物還是專為孩子買玩具。如果是專為孩子買玩具，必須在家先討論好：買什麼玩具？只能買幾樣？多少錢以內？超過預算怎麼辦？……等到跟孩子談好再出門。並且事先就得讓孩子了解，如不依約定，在外面哭鬧，不但不會為他買新玩具，回家後，還要讓他原來的玩具「休息三天」等。屆時如果索求無度，當街哭鬧，父母一定得堅定立場，但態度必須溫和的與孩子溝通。例如：

「我知道你想買很多玩具，但是我們已經說好只能買一樣，如果你繼續哭鬧，將永遠得不到新玩具。」

「你的哭鬧吵到別人了，我們得快找一個沒有人的地方，

讓你可以哭好久好久。等你哭累了，我們再回家睡覺！」說完即強行帶走，毫不妥協，否則前功盡棄。

如果孩子因而自動停止哭鬧，可以獎賞一客冰淇淋（針對孩子喜好），並且擁抱他，誇獎他遵守這次的約定，但買玩具一事，改天再談。孩子會警覺到父母的堅持，耍賴行為必會逐漸改善。

如果面對的是只有兩、三歲的孩子，跟他溝通道理可能較難理解，唯有運用轉移目標方式，並以驚訝語氣，引起孩子的注意，往往會讓孩子放棄原來的堅持，接受您的誘導。

過於驕傲的孩子

兒子表現慾極強，但也常因此嘲笑其他小朋友不佳的表現，因而在同儕中沒有人緣，該如何引導勸說他呢？

聰明孩子的表現，不外是理解力強、反應快、記性好等，一旦感覺到周圍的同伴反應比他慢，又加上成人誇他有多棒，多麼聰明，雖然增強了他的自信，卻也讓他覺得自己很了不起，結果流於驕傲，嘲笑別人，最後導致人緣盡失。

孩子有好的表現時，父母或老師可以讚賞他的行為，並且具體的點出來，如：「能幫助別人解決問題，一定也感到很快樂，是嗎？」「你能跟某某人合作，對他很客氣，很像老師喔！」「你今天幫助了幾位同學？交到幾個朋友？我很想知道呢！」而不宜常說：「你好聰明！」「你好棒喔！」「你太能幹了！」等，極為抽象而不具體的誇獎，會使孩子得意忘形，以為自己最棒而別人都不行，因而喜愛嘲笑別人，自然會導致人際關係不良。同時，必須告訴孩子，每個人的優點都不一樣，有人歌唱得好，有的圖畫畫得美，也有的球打得好，有的腦筋動得快……，然後問問孩子：「你屬於哪一種？」再告訴孩子，有人說話很客氣、有禮貌，有人愛說笑話逗別人開心，

也有人總愛挑剔別人的不是，使人家難過……，問孩子：「你屬於哪一種？」「對於這些不同類型的人，你比較喜歡哪一種人？」如此，才能促使運用理性思考，而加以判斷。唯有經過冷靜思考，才能因頓悟而改善。對於有偏差行為的孩子，必須運用同理心，針對他偏差的方向，以鼓勵的方式逐漸導正偏差行為。同時，平常就應鼓勵孩子多欣賞同伴的優點，多說點讚美同伴的話，「友誼」自然就送上門來啦！

懶得拿奶瓶的孩子

我的三個兒子都不喜歡自己拿奶瓶，從老大到現在的老三，每次喝牛奶的時候都一定要裝在奶瓶裡，而且必須由我代勞，是不是有什麼方法，可以改正他們的這種習慣？

孩子從小到大都使用奶瓶吸奶，而且得由母親拿著奶瓶餵才肯吸，直到第三個孩子仍然如此，才警覺到有改善的必要。孩子的成長，應有階段性的成熟，四歲還停留在嬰兒期的習慣，必然阻礙孩子邁向獨立及責任感。

有些幼兒因為玩心重，又沒有餓的感覺，飲食慾望當然不大，如果有人餵他，為了方便及應付母親的愛心，才會勉為其難的吸幾口。慢慢的，養成了依賴心理，便視父母代勞為理所當然。有些孩子喜歡母親一對一的餵他，是因為此時此刻，媽媽才是百分之百屬於他；往往父母愈忙，孩子愈是爭取關懷，正如許多幼稚園小朋友，在園裡不但很快用完餐點，而且還主動去餵吃得慢的小朋友，回到家卻喊著：「我要媽媽餵」呢！

父母應及早鼓勵孩子有生活自理能力，一歲的孩子就應該脫離嬰兒期，尤其長期吸吮奶嘴，對幼兒牙齒排列整齊與否，

以及對未來發音等易有不良影響，說話吐字不清，會造成溝通問題。許多這類小朋友一旦過團體生活，便挫折連連，發音吐字只有父母能聽得懂，老師或同學就只有鴨子聽雷了。所以應及早讓孩子練習改用杯子喝牛奶。一歲的孩子只要他願意以吸管吸一口，即以拍手鼓勵，口裡也要不斷稱讚：「你好能幹喲！」也許孩子不知道能幹是什麼意思，但孩子會從父母的眼神中了解是「很好」的意思。以後只要說他能幹，他便很高興接受。兩、三歲以後，可以用杯子練習喝牛奶，不但要以語言鼓勵，還要故作驚訝語氣說：「哎呀！喝好大一口，讓媽媽嚇一跳。」或「你好像大老虎一樣，喝得好快喲！」……這個階段的孩子，已開始期望自己很厲害，要和兇猛動物比能幹，當然，平時要利用故事、卡通影片等使他感受到那些動物很厲害才行。四、五歲孩子，則可以運用代幣方式，也就是貼紙或計點的方式，作為獎賞的手段，一旦習慣以杯子喝牛奶以後，也就無須以代幣來鼓勵了。

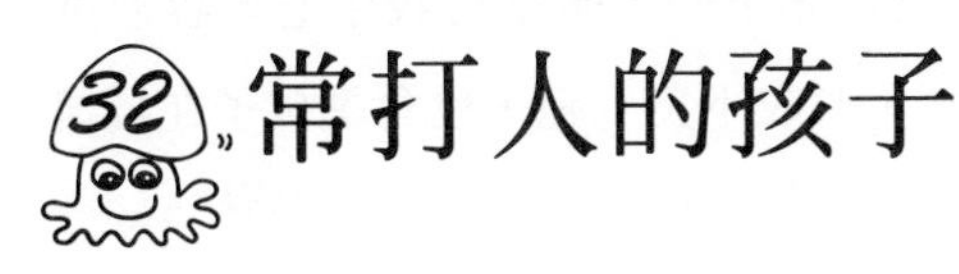

常打人的孩子

我的孩子心地很善良，可是卻常常打別的小朋友，甚至還把別人打得流鼻血了。細問之下，他說是因為別人搶他的東西，可是他只會打人，不會敘述這個過程，老師和別的小朋友都誤會他了，怎麼辦呢？

孩子遇到挫折便出手打人，造成人際關係欠佳，如果經常如此，大約有以下幾點原因：

表達能力較弱

語言表達及聽話能力較弱，意願不能暢達，往往會使同學弄不清楚而迴避，孩子就以為對方不肯跟他「好」而出手打人。這是學齡前兒童常有的現象。

缺乏分享機會

一般獨生子女，往往在家中一切以他為中心，缺乏兄弟姊妹「分享」學習機會。一旦到了學校，仍然習慣唯我獨尊，採取順我者昌，逆我者亡的姿態，自然人際關係不佳、情緒不平衡而造成「暴力」傾向。

容忍度較差

父母過於寵愛會造成是非不明，極度自我中心，容忍度差。或父母常以打罵教育，形成不良示範，也會讓孩子在校模仿父母權威行為。

忽視身教功能

兩歲左右的孩子，打人、咬人是最基本的防衛心理反應，並非表示有何仇恨或報復心理，與心地善良與否無關。孩子在嬰兒時期，有隨地抓東西往嘴裡送的本能，若父母怕髒，很快掰開嬰兒手指頭把東西拿走，無形中就教會了小孩子搶的意思。較正確的處理方式是父母在拿掉嬰兒手中的東西時，同時要放進另一個替代物，孩子才不會有被剝奪的感覺。如一歲左右的嬰幼兒，看到父母打罵老大或老二，耳濡目染之下，也就學會了「打人、罵人」。因此，實在不能忽視身教功能。

謹提供以下建議：

使家中充滿禮貌用語

增進良好語言溝通技巧，多說「請」、「謝謝」、「不客氣」或「對不起」等禮貌用語，與同學相處自然會比較融洽。

培養物權觀念

凡未徵得同意，不可動用不屬於個人私有的東西。

為自己的行為付出代價

如果咬傷對方，必須規定每日早晚為對方搽藥或撫摸痛處，直到對方原諒，在這段時期中並沒收某種享受的權利。不要因為孩子哭鬧而失去原則，但可以運用轉移目標方式疏導孩子的情緒。

總而言之，孩子雖然小，模仿力卻十分驚人，為了下一代更好，父母平日一定要謹言慎行；否則解鈴還須繫鈴人，旁人無法代勞。情緒不穩或偏差行為不斷的孩子，才是最需要成人幫助的，若有必要「處罰」，也請以不傷自尊心為原則。

不會背書、認字的孩子

眼看別人家五、六歲的孩子，唐詩、三字經琅琅上口，又會英語，又會日語，自己的兒子卻整天只會混在玩具堆裡，想教他背書、認字，他卻一點興趣也沒有，這該怎麼辦呢？

親愛的家長，您聽過「孩子的遊戲就是學習」這句話嗎？童年階段，「玩」對孩子來說非常重要，在玩的同時，他運用思考，使手眼得以協調練習。專注力、推理力、持久力、判斷力、創造力……等，也都是孩子在玩的同時逐漸醞釀而成。讓孩子自由探索，以感官去接觸周遭世界，可以從中學習到環境與自己的關係，學習如何適應環境或支配環境，尤其每當孩子把玩具操弄在股掌之中，對孩子來說，等於掌握了整個世界。例如把積木搭成一棟古堡、一輛車、一個動物園，把智慧片作成一架飛機、一把步槍等，在創作的過程中一一實現他的美夢，此等樂趣，實不宜以念唐詩等來相提並論。更何況這些現實生活的經驗攝取，正是儲備未來正式（入小學後）學習的有利條件。念唐詩、三字經等，與孩子的生活不能結合，說穿了，是滿足成人虛榮心理。對孩子未來發展來說，培養思考、

判斷與創造力，比記憶練習更重要。更何況，孩子將來對任何學習有興趣，還怕他學不會？記不住嗎？

教孩子背唐詩、學美語、認字等，都屬於記憶性練習，不是壞事。但記憶練習是人類學習過程的最低層次，我們不應視孩子的頭腦為儲藏知識的倉庫，應視為思考的寶藏；因為記憶有限，思考卻無窮，從小善於運用思考，未來求學或踏入社會，都是成功的活水源頭。唐詩韻味流暢，可以琅琅上口，卻無法使孩子理解；美語對孩子雖然新鮮，卻沒有機會運用在生活中，易學卻也容易忘；抽象文字對幼兒來說並無意義，不如看圖說故事，更能發揮創造力。所以孩子若沒有興趣達到您的期望，不如讓他有一個快樂的童年。

守著電視機的孩子

孩子太愛看電視了，每天晚上從保母家把孩子接回來以後，他就守著電視機目不轉睛，連叫他洗澡、睡覺也難。這真叫我們做父母的傷腦筋極了！

孩子每天看電視毫不節制，可能會產生以下幾點不良影響：

人格偏差

孩子們的認知結構尚未發展健全，理性思考亦未成熟，同時缺乏是非判斷能力，電視上所呈現的，不分好壞照單全收，除非父母陪伴觀賞說明，否則對未來人格發展會有所偏差。

阻礙其他學習

電視畫面上所呈現的聲、光、色、影等，對幼小孩子只有感官上的刺激，卻無暇也無能力做細膩的思考。日久，將使孩子對其他學習不再感興趣，尤其教科書，自然不如電視節目那麼多采多姿，除了缺乏感官刺激外，還必須花腦筋去記憶，吸引力當然不足，如不加限制，對電視節目必日益沉迷。

缺乏與他人互動

看電視屬於單向輸入，缺乏與同伴互動及與家人共同活動的機會，不但影響語言表達及社會性行為發展，也會影響邏輯思考，因為許多卡通純屬虛構與幻想，脫離現實，如果以身試法，自我探索求證，真是危險萬分。十年前在美國紐約的一位男孩，便模仿卡通人物彼德潘，從七樓窗口飛出去而喪生。這就是沉迷電視節目所帶來的後遺症，為人父母怎可不慎？

影響視力

眼睛停留在電視機上過久，將導致視神經過度疲勞，而造成弱視、散光或近視。在發育中的幼兒應避免長時間看電視。

父母應和孩子設定生活規範，提供兩個時段供孩子選擇，否則態度溫和且立場堅定的沒收看電視的權利。最好的辦法是，父母盡可能多挪出時間，培養孩子其他的休閒樂趣，看電視的時間就自然減少了。萬萬不可為了賺回自己的時間，而賠了孩子的未來。

喜歡四處探險的孩子

幼稚園辦校外教學，老師帶孩子們去郊外玩，讓他們自己摸索，挖蚯蚓、找小昆蟲。我的兒子才四歲，特別喜歡東看看、西看看，四處探險。我很擔心他脫隊，老師卻很贊同他這樣。我的擔心真的是多餘的嗎？

幼稚園安排校外教學活動，目的是讓小朋友充實生活經驗，拓展視野、增長見聞，是很好的活動。一般幼稚園的老師為了安全上的考量，十分強調秩序，在許多兒童遊戲場所或風景區，經常可以看見一群小朋友把手搭著前面一位小朋友的肩膀，如盲人過街一般，亦步亦趨，非常拘束。因為行動受到控制，必然會削弱遊樂的興趣。這位老師能夠尊重孩子，任其自由探索，這種教育態度應該值得鼓勵。只要在安全範圍及老師視野以內，讓孩子有「行」的自由，是必要的。

孩子喜歡東看看、西看看，也是一種學習態度，如果只是為遵守秩序而悶頭走路，有何意義可言？挖蚯蚓、找昆蟲是探索自然界奧祕，如果加以禁止，說不定扼殺了一位未來的生物學家！學齡前階段培養學習興趣十分重要，有了興趣，才能專心投入學習，所以無論是參與校外教學或到戶外走走，回來後

可以跟孩子討論，今天看到些什麼？也可以鼓勵孩子畫下來。當然，四歲孩子的圖畫是很抽象的，只要能解說得出來，都是他的經驗與感覺，也等於是孩子個人成長的記錄，值得珍惜。同時父母也可藉此機會了解孩子的思考模式，發現孩子對某項事物理解的方向，更可作延伸活動，例如帶著孩子搜集各類種子、果核，飼養蚱蜢、蟋蟀或小白鼠等，觀察其生態情形，發現生殖或死亡現象，又是探討生與死的好題材；再找出一些圖鑑資料，或講述有關故事等。幼稚園若能提供孩子豐富的經驗以擴展生活領域，從活動中學習知識智能，您應對學校用心的安排感到高興才對。

親愛的家長，老師既然能贊同孩子學習的自主性，必然對孩子的行蹤十分有把握，您實在不必太過分擔心，以免因保護過度，而使孩子延緩成熟，絕非孩子之福！

36 得寸進尺的孩子

我經常都是好聲好氣的和孩子講道理，盡量語氣溫和的想使他明白。可是我發現他會得寸進尺，到最後還是非得我發起脾氣，大聲呼喝才讓步。是不是四歲的孩子太小，還不到適合講道理的年齡？

跟四歲的孩子講大道理，無疑是對牛彈琴，因為稚齡孩子的思考模式與大人思考模式有太大的差距。大人往往以社會既有的標準來衡量孩子的對與錯，當然無法容忍他們的行為，而孩子卻僅有四年的生活經驗來反應他們自以為的好與壞，相互之間若無交集，自然形成對立局面，尤其是缺乏幽默感、主觀意識較強的父母，其子女不是退縮就是叛逆。當孩子出現想法怪異的情況，父母不妨反應：「你想的好奇怪。」或是「你想的真可愛。」若有偏差行為時，唯有耐性反應感覺，而不是對孩子講長篇大道理。例如：當孩子一面吃飯，一面跑來跑去，非常不專心，這時候如果告訴他：「不可以一面吃飯，一面跑，這樣對胃不好，會消化不良……。」孩子會聽不懂；應該要告訴他：「吃飯時，要跟媽媽一樣，把屁股放在椅子上，不可以離開。」清楚的說明與示範，孩子才能理解怎麼做。如果

孩子大聲嚷嚷，不宜說：「你大聲嚷嚷，吵死了，你的聲帶或喉嚨會壞掉……。」孩子心裡會想，從來沒有人被我吵死過，我嚷了好多次，聲帶和喉嚨也沒有壞掉，媽媽騙人！而應該反映：「請你小聲一點兒，媽媽耳朵好痛。」當孩子不大聲嚷時，即刻摟著他說：「謝謝你，媽媽的耳朵不痛了。」誠懇的反應感覺，而不是大聲苛責或埋怨。

孩子如果得寸進尺，最好能心平氣和的說：「我們已經說好了不可以，如果你要生氣，只好氣一下；想哭，也可以哭一下。」立場堅定，態度溫和，孩子敏感到父母堅持原則的神情，自然就會比較收斂，才能在和諧氣氛中贏得合作。一旦孩子妥協，父母別忘了回饋他的妥協行為：「謝謝你聽媽媽的話。」為了保有好的行為，家長如此的後續動作十分重要。

兩個孩子都要一模一樣的東西

老大和老二從小就愛互相比較，連東西都一定要買一樣大小、一樣顏色的。如果只買一個，那更是不得了，非爭到各有一個不可。老大對顏色的不同比較不挑剔，老二則非要和哥哥一樣不可。但是我總覺得一模一樣的東西買兩份很浪費，有沒有什麼好方法可以讓他們學習輪流玩同一樣東西呢？

以上這則個案在小家庭中十分普遍。一般父母都主動幫孩子買玩具，若提供兩個孩子不一樣的玩具，孩子常基於爭寵心理，總以為爭到了對方的玩具，即爭到在父母心目中的地位，其實爭到後往往並不十分珍惜。爭玩具只是反應爭寵的外顯行為罷了。

為避免糾紛，父母不妨在買玩具之前，先跟孩子們討論：「要買什麼玩具？多少錢以內才可以買。買回來以後，如要借對方玩具必須徵求對方同意。否則，如果爭吵，爸媽會沒收玩的權利。」

在預算範圍內，帶孩子去玩具店購買玩具時，最好由孩子

自己選擇，培養孩子為自己行為負責、學習自己作決定的能力，也才會珍惜自己所擁有的玩具。回來後，若想要與對方交換，必須遵守事先的約定，否則父母有理由沒收孩子「玩」的權利。兄弟姊妹之間互相借東西是常有的事，也是學習未來過團體生活重要的課題，「有借有還」是人際關係互動的協商態度，絕不宜因一方哭鬧即可得逞。為及早適應未來團體生活，必須先在家中培養物權觀念，避免造成「只要我喜歡，就該讓我」的「自私」心理。

兄弟倆購買不同玩具，正好可藉此培養「分享」的態度，鼓勵輪流分享。可以依時間來分配，可以用猜拳方式輪流玩，也可以運用某種獎勵方式由誰先玩，另一人享受特別為他安排的事情，轉移其目標。例如老大聽故事時，老二玩玩具，或帶老二去散步時，留老大在家玩玩具。最好的方法是鼓勵兩個孩子把玩具都拿出來一起玩，當然，如果有父母參與最為理想。漸漸從中體會到分享彼此玩具的樂趣，才是根本之道。

此外，父母也可以扮演仲裁者的角色，傾聽雙方理由，幫助孩子達成協商。只要做父母的有耐性，從小培養孩子講道理、尊重對方所有權的觀念，相信假以時日，兄弟姊妹之間的爭吵必會改善。

沒有朋友的孩子

朱朱自從進入學校念書開始，沒有一天不跟同學爭吵、打架。現在已沒有一個孩子願意與他做朋友了，真令我傷腦筋。

時常和同學爭吵、打架的，大多屬於情緒和心理困擾的孩子。而情緒及心理的困擾，大部分源於自己缺乏邏輯思考，或缺乏合理判斷能力而造成情緒不穩定，產生心理不平衡。一旦與同學發生不愉快，或看不順眼，不良情緒便一觸即發，使攻擊性行為一發不可收拾。

過分好強好勝的孩子，面對問題發生時，無法有效處理；又有些眼高手低的孩子，想得理想，自己卻做不好，自然情緒不佳，易與同學產生摩擦，很難與同學和睦相處。

孩子在家中如受到父母過度保護，處處百依百順、是非概念模糊，等於扼殺了理性思考，助長非理性思考，造成孩子生活在強烈的自我意識之中。

每個孩子在團體中都希望受到同伴的歡迎，但是由於不善表達心中真正的意思，常以反應情緒為訴求，造成事與願違。身為老師或父母，必須多傾聽孩子心聲，讓孩子壓抑的情緒獲

得紓解，凡事以身示範，曉示以理，才能幫助孩子在動粗之前提高警覺。多一分反省，便多一分成熟，吵架或打架行為必能逐漸改善。

從更積極層面來看，不妨培養孩子某種特殊遊戲，例如在家中教導孩子下象棋、圍棋或球類活動。兒童都有崇拜英雄的心理，如果您的孩子學會某種遊戲，再把從父母身上學到的遊戲方法帶到學校去教同學玩，不但能獲得同學愛戴，孩子個人也從中獲得成就感，若大家都玩得很開心，爭吵或打架行為自然就會相對減少了。

只愛玩，不愛學習的孩子

雖說童年應該是快樂無負擔的，但是，適切的學習也是必須的。像我兒子總是天天玩著樂高與看錄影帶，其他一概沒興趣，我應該如何引導他接受學校的課程活動？

筆者曾經多次提到過「玩」是孩子的「生活」，也是孩子的「工作」。如果父母把「玩」看成無意義、浪費時間，無疑是希望孩子提早成熟。

樂高玩具可以隨孩子心意自由創作，不但可以培養專注力、耐心、手眼協調等，對未來進入小學時的握筆、運筆等能力也有很大的幫助。

孩子如果每天沉醉在電視機前，表示這孩子必是十分無聊。不少父母常以忙碌為由，避免孩子來黏，最常用的方法就是租許多錄影帶，讓孩子不斷地看電視，使自己不必騰時間陪伴孩子，以為不但可以滿足孩子的「胃口」，又可以使孩子待在自己視野範圍以內比較安全；卻忽略了如此作法只會讓孩子的視力及身心健康遭受傷害。

父母應培養孩子多方面的興趣，例如：陪孩子一起聆聽音樂、一起閱讀故事書、畫圖、剪貼等；許多父母以為幫孩子買

故事書或圖畫紙，孩子就會喜歡去畫，事實上，學齡前的孩子凡事先要有父母參與，孩子才會有興趣從事「工作」，尤其是故事書，若不先詳細講解，孩子便只翻一翻，看看畫面，兩分鐘就說「看完了！」如果了解故事的意義，孩子看書的持久力才會加長。畫圖也必須先和孩子討論「今天要畫什麼？」「今天聽到什麼？」「看到什麼？」「最喜歡什麼？……」等，才能引發孩子繪畫的樂趣，就不會無聊得每天只坐在電視機前打發日子了。也可多帶孩子接近大自然，參觀美術館、博物館，短程郊遊等。雖然這些建議已耳熟能詳，許多父母仍然認為太忙沒有時間或太累而做不到，如果父母不願調整生活步調，不肯多花心思，好好陪伴孩子走過童年，就只好每天在抱怨中過日子。孩子愈大，行為愈難改進，屆時後悔就來不及了。為人父母者，實在宜多加思考才對。

愛哭班長在我家

我家有個被同學戲稱為「愛哭班長」的兒子。他不但長得人見人愛，而且很有禮貌，嘴巴很甜，聽話、守規矩，功課又好，深得全家疼愛，更是爺爺、奶奶每日掛在嘴上的「乖孫」。但是，他只要遇到一點挫折就只會哭。上小學當班長，遇到同學不合作也只會哭。我們真不知道該怎麼辦？

孩子長得可愛又乖巧，很自然就深得老人家及父母的疼愛。好哭的原因，當然不是因為得到的關心不夠，反而是成人過於關心，凡事從旁代勞的結果。惹人疼愛的孩子，成人常不忍心見到孩子不快樂，只要看見孩子哭，就會馬上放下手邊的工作來安撫他，了解原因後，便立刻替他把問題解決了。無形中，孩子體會到「哭」可以獲得成人支持，又能使問題迎刃而解，因此，「哭」便成了孩子用來克服焦慮的不二法門。又因為家人習慣了當孩子受挫折時的「救援部隊」，看見事事都會在孩子破涕為笑中收場，成人的心情何嘗不也隨之燦爛起來？加上孩子嘴巴甜，事後又懂得回報「謝謝」，更讓人打從心裡心甘情願為孩子做牛做馬，捨不得孩子遭受絲毫挫折，一家人

在愛與呵護之下，日子也過得其樂融融。正因為如此，孩子便缺乏了獨立思考能力，遭遇挫折時的判斷力和解決問題的能力，也就愈來愈薄弱了。

孩子在家人過度呵護中成長，上了小學，由於性情溫和、有禮貌，嘴巴甜，功課又好，獲得老師及同學的青睞，當上了班長。遇到不合作的同學，難免會面臨到挫折，又因為從小未曾培養克服挫折的能力，自然會感到束手無策，也就習慣性的以哭來表示無能為力之苦。而學校老師面對眾多學生，不可能如同家人一樣百般呵護，因此，孩子獲得「愛哭班長」的綽號，就一點兒也不足為奇了。

在孩子幼小時期，理性思考尚未成熟的階段，面臨挫折時，情緒都會比較容易激動或沮喪。家長如果以一番大道理要求孩子應如何堅強、如何勇敢，幾乎無法令孩子理解或折服。唯有先以擁抱來接納孩子的不安和痛苦，等情緒穩定以後再問明原委，然後提供一點兒意見，耐心給孩子一段冷靜思考的時間；孩子想出克服挫折的方法，無論是否可行，都必須先讚賞思考過程所表現的努力，如此才是真正協助孩子獨立思考，邁向成熟之道。孩子也會因此對自己產生信心，相信好哭的機率會逐漸減少，有朝一日，一定也能反過來幫助同學思考對策，「愛哭班長」的綽號自然不攻自破，真正贏得同學的友誼和信賴。

個性冷漠的孩子

孩子的幼稚園老師告訴我，智智在班上通常表現出一種不理會別人，對環境變動也很冷漠的態度。智智在家也不太和家人親近，眼光不太愛看著別人，我應該帶他去看精神科嗎？

如果小孩子在外面表現冷漠，與家人相處也不夠親近，平時在家，如果父母過於忙碌而忽視了孩子，或孩子出生後即交由他人撫養，一旦接回來，對家裡的一切感到陌生，大多會呈現冷漠態度。又如孩子在嬰幼兒時期，父母本身就不夠熱情，也屬於冷漠型，在孩子需要熱情回應時，未能獲得滿足，孩子內心那股企盼的渴望自然會逐漸熄滅。若要點燃孩子心頭一把熱情之火，需要向孩子隨機表示愛意，時常抽空和孩子「談戀愛」，才能喚醒孩子把失去的歡笑找回來。或是有些孩子自視很高，平日舉止像個小大人，就會看不慣同學「幼稚」的行為，顯現不屑為伍的冷漠態度。但是智智在家中也不大和家人親近，應該不屬後者。如果孩子自小即個性冷漠，可以考慮帶孩子去看心理醫生，或做身體健康檢查（尤其是腦神經系統方面）。如此作法也許是小題大作，但是對孩子並無害處，大人

也可經由醫生診斷而減少胡亂猜測的煩惱。在此，我們暫且撇開需要由醫生協助的揣測部分不談，針對該個案現況，僅提供以下幾點粗淺建議：

建立親密的親子關係

在盡可能的範圍內，幫助孩子建立信心，多運用幽默感，製造與孩子之間的樂趣，有助改善親子親密關係。

藉由音樂喚醒內在情感

多提供音樂陶冶機會，陪著孩子欣賞音樂，欣賞兒童劇。音樂最能震盪胸懷，增強心靈感受力，喚醒內在充沛的情感力量。

掌握機會教育培養同情心

可向幼稚園老師打聽生病中的同學，帶孩子去探望，不但可以培養同情心，也可以增進與同學間的情誼。

孩子的可塑性很強，只要大人用點兒心、從旁指導，並以身示範，要改變孩子並不困難，對孩子要有信心。父母不宜在孩子面前表現束手無策，應試著改善孩子的生活品質，充實生活內容，假以時日，必然也能改善與人相處的能力。

42 孩子做功課拖拖拉拉

我有兩個孩子，當老大成為國小新鮮人時，我就希望他能自動自發的做功課，不要養成拖拖拉拉的壞習慣。但是，事與願違，他偏偏就是如此。每天一定要等他玩夠了，或看夠了電視，才肯開始寫功課，拖到晚上九點、十點才完成。為了要他寫功課，我三催四請、威脅利誘，甚至請出家法。一天復一天，我真心灰意冷，不知有何辦法？

許多父母正如這位母親一樣，疏忽了培養孩子日常生活的好習慣和責任感，而不知未雨綢繆，把對孩子的擔心、焦慮，化為積極行動。結果孩子往往是愈大愈難改善，十分無奈。

如果父母對孩子早已產生擔心與害怕的意識，顯然對孩子平日表現已失去信心，卻未能及早思考對策及早改善。學齡前的孩子沒有功課壓力，並不代表生活就可以散漫，絕對不可以等到孩子長大再培養責任感，否則必然事與願違。一旦動用家法，孩子必定對功課失去興趣，因為孩子會認為：「都是功課害我挨打！」所以做功課，便成為孩子一項痛苦的經驗。自然而然，孩子便會逃避而拖拖拉拉了。

希望孩子對功課有責任感，必須先從培養興趣著手，否則都是枉然。例如：

將課文遊戲化

為孩子找出課本內的詞句，與孩子玩猜猜看遊戲，讓孩子說明詞意，或問他下一句是什麼？猜對了即給與讚美。為孩子找出課本內的單字，與孩子玩相反詞遊戲，如大對小、上對下、長對短等。

集中注意力

當孩子在玩的時候，不要逼孩子做功課，不但令孩子反感，也不會使孩子心甘情願去做功課。可以建議孩子：「我們來聽一個故事好嗎？」或「媽媽教你一樣東西」等，使孩子靜下心來，再讓他做功課。

討論而後執行

孩子放學回來後先和孩子討論：「先做功課還是先看電視？」（只能選擇一個）待孩子決定後，就必須徹底執行。

責備、埋怨、體罰……絕對不可能培養出自動自發、心甘情願做功課的孩子，唯有適時鼓勵，才能挽回孩子的信心與責任感。

43 怎樣跟孩子談「死亡」

小慧的奶奶去世的時候，我們告訴她：「奶奶到天上去了。」並且描述了一個很美的天上世界給她聽。不料，小慧表現出對天上很嚮往的樣子，居然積極的開始和其他小朋友討論起「人要怎麼樣才能死？」我不敢把死亡說得太可怕，但她現在的行為卻更令我感到不安。

「死亡」的可怕，大多基於人們濃厚的感情因素。每當有人撒手西歸，其周圍的親人，即必須承受感情的打擊，錐心之痛無以復加。這種情感上的痛楚經驗，才是真正可怕。孩子比較難以體會，而大人對於死亡的問題，往往避免在孩子面前討論，造成孩子對死亡的錯誤認知，覺得既神祕又好奇。

為了滿足孩子的好奇心，大人不妨以平常心與孩子溝通，可利用大自然生態物競天擇的自然淘汰現象，進行機會教育，讓孩子了解死亡的定義。例如：樹上掉下一枝枯樹枝、一片枯葉，它們已不能再展生機。被酷熱的太陽晒乾了的蚯蚓，再也不能蠕動。一條毛蟲被一群螞蟻抬著，準備儲存過冬……，牠不能再為生命忙碌，因為牠們「死了」。

「人要怎樣才會死？」電視傳播媒體也有太多機會可以利

用，例如：車禍、中毒等意外事件，生病不看醫生、不吃藥……也都會死。帶孩子觀看交通肇事圖片，孩子會感受到死亡的可怕與痛楚，對於死亡自然會有不同的想法，也可能因而斷了「人要怎樣才能死」的嚮往與好奇，同時提高危機意識，而減少意外傷害的發生。有時候，當孩子聽到有關死亡的事件，也會好奇的問父母：「你們什麼時候會死？」常因而招惹父母的忿怒，大罵一聲：「胡說！」其實孩子是基於擔心，才如此發問，聰明的父母只要回答：「你擔心爸媽會死是嗎？（接納孩子的想法）我們身體很健康，你們又如此可愛，怎麼捨得死？放心，我們會活得好久，好久……」孩子往往因為放心而不再詢問。

孩子的思考模式十分單純，往往因為大人想得太複雜，才會產生一堆不必要的煩惱。親愛的家長，「安啦！」為人父母者，平時多與孩子溝通，有難解的問題，可帶孩子到圖書館查資料。一定要重視孩子內心的疑惑，否則，任由孩子自我探索或自我診斷，那才更可怕呢！

44 愛扮女生的男孩

兒子已經上小學了，總喜歡到我房間，用我的化粧品、高跟鞋、衣服和絲巾，把自己打扮得像個女生。這個行為令我們當父母的非常困擾。

孩子在十歲以前，男女性別認同尚未達二分法，更何況現在電視傳播媒體，男扮女裝的逗趣情形，屢見不鮮。孩子大多基於好玩，或天生具有幽默感，喜歡把自己打扮得與平時不一樣來娛樂自己；也有的小孩是由於和母親關係比較親密，母親成了孩子的偶像，因而想要打扮成「媽媽」的模樣；母親心裡應該高興才對。

每個孩子在成長過程中，時常會表現出一些特殊的想法與需要，大部分是基於好奇心而自娛娛人，父母實在無需想得太複雜，不必以成人眼光看他們的單純行徑，因為這些行為一旦獲得滿足，自然會逐漸消失。記得筆者兒子小時候，也常喜歡把姊姊的裙子穿在身上跳舞，讓我們全家笑成一團，兒子的逗趣幽默，帶給我們全家很多樂趣。如今他長大成人，成為一個堂堂男子漢，並沒有出現女性化的樣子。如果父母因為看不慣而加以禁止，反而使孩子心生困惑：「難道我這麼玩是做壞事

嗎？」

孩子刻意裝扮自己，大多是一種對成人角色探索的「遊戲」行為。不妨以輕描淡寫的語氣：「你覺得打扮成這樣子很好玩嗎？」相信他會使您了解原因與目的。尤其是一年級的孩子，表達內心的感受比學齡前要清楚些，說不定您聽完以後，就會覺得自己實在太「大驚小怪」了。

也許我們中國社會比較保守，孩子必須在父母的期待中長大才是好孩子，否則便被視為叛逆。只要孩子行為舉止未傷害別人，應可獲得允許才對。筆者十分贊成「化裝舞會」的活動，讓孩子打扮成心中嚮往的角色，使「美夢成真」，多麼有意思！親愛的家長，您認為呢？

愛嘲笑別人笨的孩子

偉民學習的速度相當快，也懂得很多常識，但是總喜歡嘲笑別的孩子笨，連這麼簡單的問題也不會。儘管老師也曾提醒過他，偉民還是常常忘記，令老師覺得為難。

學齡前的孩子，由於生活環境以及父母教養態度的不同，個別差異很大。文化刺激不足的孩子，反應慢是常有的現象，也有些是「先天不足，後天又失調」，就更不能對他有所苛求。孩子的表現如果優於同儕，大人又時常加以誇獎，很容易造成孩子驕傲而輕視他人。當孩子笑別人笨的時候，老師應該事後請孩子到一旁進行個別輔導，讓小朋友了解每個人都有優點和缺點。老師最好能舉出被恥笑的同學的一些優點，讓他口服心服，而不僅是一味地禁止他不可以取笑別人。

積極的方法是：老師要深入了解每個小朋友的優點，有時可以針對弱勢小朋友的優點，安排一些活動，讓那些小朋友有機會表現他的長處。例如有些小朋友的學習速度快、記憶力好、常識豐富，但是體能活動也許比較差。當他發現被自己取笑的小朋友，原來球踢得遠、跑得快時，老師可以藉此機會教育，或請會踢球的小朋友來教他踢球，讓小朋友親自體會每個

人都有不同的優點，這比老師不斷地從旁提醒「不要取笑別人」要有效得多了。

師長偶爾也可消遣自己：「哎呀！我怎麼變笨了，竟然忘了……」或「嘿！輪到我變聰明了，你看！我想出這麼好的方法……」，使孩子體會「笨」與「聰明」是日常生活中每個人都可能遭遇到的事，多用點幽默語氣帶過，孩子比較不會去計較某些笨拙行為不好，反倒覺得「好玩」了。

46 愛臨摹文字的孩子

我家有個四歲半的小娃兒，他似乎對文字特別有興趣，經常照著海報上的文字臨摹，如ㄅㄆㄇ、ABC，或中文單字等，但筆順卻完全不對。我不敢糾正他，怕他感到挫折，也怕會揠苗助長，真不知如何是好？

孩子的一舉一動都牽動著母親那顆疼惜的心，唯有用心的父母才會如此細膩，對孩子的行為表現用心思考對策，或是左右為難。這份對教育方法慎重考量的心情，令筆者感佩。

孩子邁入四歲階段，好奇心更為增加，也比較有能力付諸行為，期待「長大」的心理也比三歲強烈。「寫字」行為讓他有種「我已經長大」的投射心理，尤其當他發現臨摹出來的文字符號與海報上的文字十分相似時，必擁有一份成就感；為追求這份成就感，將促使他每天臨摹，且樂此不疲。所以，孩子喜歡臨摹文字，父母不必太焦慮，任由自由揮灑，就當他在玩一件有趣的事情。筆者針對這種行為提供以下幾點看法：

1. 只要不限制小孩子在一定格子內寫字，對視力及運筆方法等尚不致造成傷害。
2. 雖然臨摹行為缺乏創造力，卻是孩子對文字符號開始產生

興趣的行為，絕不是一件壞事。

3. 只要將孩子臨摹文字當作「畫字」來看待，一段時間以後，他可能又會對其他活動產生興趣。這個年齡的孩子對某項事情執著的表現絕非「預謀」，僅是以跳躍式嘗試各種生活經驗，是十分自然的情形。

4. 教授孩子筆畫，應是小學階段接受正規教育時的任務，幼兒階段應以培養興趣為主要目標，不斷糾正筆順，的確會破壞學寫文字的興趣，得不償失。

5. 幼兒發展有一定的程序，尤其是生理發展更無法提前成熟，許多幼稚園提早教授寫字，小則導致幼兒視力、手眼協調行為偏差，大則造成脊椎側彎，釀成一輩子傷害。揠苗助長絕非明智之舉，而孩子往往在成人不當的期許之下，無法抗拒。這一點身為人師人母者，實應以孩子長遠的生命來考量，切勿愛之反而害之。

6. 其實，轉移孩子興趣的方法有很多，例如：建議孩子摺紙、玩拼圖，鼓勵孩子玩抽象畫、穿珠、編織、塑陶等，不但培養孩子的藝術興趣、發揮創造力，同時也都是手眼協調的運作，對未來寫字更是有莫大的助益。因為幼兒「寫字」，正是需要多玩些手眼協調的練習呀！

依賴性強的孩子

我的兒子今年就讀國小一年級，不知是否因為過分溺愛，他的個性很倔，依賴性也很強，每天一定要父母親陪著才願意出去騎車、溜滑梯，連學習游泳、溜冰，也因為我們上班無法陪伴而作罷。不知要如何教導，他才會長大懂事？

許多上班族，常會因為白天無法陪伴孩子，對子女心生內疚，回家後，便對孩子百依百順，甚至凡事代勞，以為可以藉此彌補對孩子的虧欠。另一種情形：母親是家庭主婦，孩子成了母親生活重心，對孩子照顧得無微不至，逐漸養成彼此依賴心理，母親依賴孩子的「無能」，可以使自己英雄有用武之地；孩子依賴母親的「勤勞」，可以凡事由母親伺候。一旦上小學才發現孩子缺乏獨立性，要改變已十分不容易，必須多花心思了。

以上兩種家長，都是造成孩子依賴性強的主要原因。一年級的孩子，已經可以溝通。父母應先接納孩子上學每節課坐四十分鐘滿累的，但必須讓孩子了解父母上班也很辛苦，鼓勵孩子分擔簡單的家務事，藉此培養責任感，有了責任感，才會邁

向獨立。

孩子玩任何遊樂器材及參與各項運動，都要父母陪伴，可能是對自己缺乏信心，一旦克服了依賴心理，又能獨立，自然就不會處處黏著父母了。也可能曾經與同伴遊玩時，有過挫折或不愉快的經驗使然，因而期望由父母陪伴才放心。但是，父母不可能永遠做孩子的守護神，培養孩子獨立是為了讓孩子未來的路走得更順利。因此，父母不妨參考以下幾點措施：

學習作計畫，扮演領航員

父母與孩子討論，如何作個有效的領航員，先從邀請朋友來家中玩耍開始，與孩子討論玩耍的內容，如何玩？有糾紛時如何應付？如何收拾善後？等。從討論中，讓孩子有心理準備，可以增加信心，偶爾也可以增加挫折容忍度；同儕相處，即便再好的朋友，還是會有磨擦、爭辯，但有了心理準備，比較不容易生氣。其實爭辯可以促進腦力激盪，父母千萬不要過於擔心而從中制止，除非孩子求助於您，否則需要充耳不聞。逐漸的，孩子必在屬於他的天地中，互相學習而成長。

避免孩子只做「應聲蟲」

家長可利用週休二日假期，陪孩子做短期旅遊，旅遊過程中，不要凡事代勞。因為過多的照顧與保護，會使孩子失去自我，應讓孩子思考下一步要做什麼？該如何處理？如：下車前要帶些什麼？採集的標本如何帶回家？平時不忘培養孩子獨立思考，才能避免與同伴相處時，只做「應聲蟲」角色，內心委屈、毫無成就感，又無能力反應感覺，自然不願與同伴一起

玩。

到親友家小住

利用漫長暑假，鼓勵孩子到鄉下或城市小住，不同的地理環境，可以學習到許多不同的適應能力，同時，孩子在生活上，為求獲得親友好感，會比較獨立自主，用心學習如何做個受歡迎的「人」。

當然在孩子去親友家小住之前，必須先讓對方了解孩子一些生活習慣，如吃飯的速度、睡覺時間、排泄習慣、飲食習慣等。也期許對方多給予協助改善，同時告知孩子對方的生活規範、長輩習性等，多一份了解，少一份挫折。雖然只是短短數日，您會發現，孩子似乎成長不少。

家務採分工制

一年級的孩子，應該可以分擔一點家務，如輪流擦地、洗碗、整理客廳等，鼓勵參與家務事，不但可以克服依賴心理，也可以培養出對「家庭」的責任感。

若家長能做到以上幾點建議，孩子的依賴性應可逐步獲得改善。

48 老向別人索求禮物的孩子

女兒老是見了人就問：「你有沒有什麼禮物要送我呢？」尤其對親戚和我的老朋友更是如此。我該如何規勸她呢？

孩子見了人就要求對方送禮物，真是坦白得可愛，卻也令父母覺得尷尬。收到禮物是每個人都高興的事，只是成人已經了解所謂「無功不受祿」的意義，而孩子並不了解，所以必須透過教育的方式來教導。許多父母常忽略了機會教育，當孩子向親友要禮物時，只會對親友表示不好意思，然後示意孩子「不可以！」並未隨機或事後施以禮貌教育。

平時父母如果送孩子東西，必須要說明理由。例如因為孩子帶給您什麼快樂的事，或是因為某個特別的日子，不宜只為討孩子的歡心而無故送禮。孩子對成人的要求，如果事事得逞，將來會不知感恩，養成自私自利的心理。所以，父母應讓孩子了解送禮的意義：

特殊的節日

有特別的日子，如生日、慰問生病的人……才送禮，所以

禮物不是用「要」的。

體諒別人

告訴孩子：別人沒有準備禮物，你向人家要，人家心裡會不好意思。因為他們覺得使你失望了，心裡也會難過。

鼓勵為善

感謝別人的時候，也會送禮。要孩子想想，你做了什麼事，需要讓別人感謝你呢？當你幫助別人，或做了一件好事時，雖然沒得到禮物，是不是心裡已經得到「快樂」了呢？

運用情境教育

父母用心包裝一份禮物，並請孩子協助做一張賀卡，孩子會問：「為什麼要包得這麼漂亮？」「這禮物要送給誰？」「為什麼要送給他？」父母應細心加以說明，使孩子體會：原來送禮是要有計畫，接受禮物也必須有理由才行。

孩子愛哭怎麼辦？

我有一個七歲大的兒子，他的性格比較怕事，如果遇到不滿意或不會的事情，他就哭了起來。他一哭，我就生起氣來，甚至受不了會動手打他。他在學校裡也是如此，老師也沒有辦法。我很擔心他長大以後還是這樣的性格。請問有什麼辦法可以改變他嗎？

凡事必有其因，愛哭的孩子也一定有其內在的焦慮，如純屬心理因素，父母千萬要設法明白孩子哭鬧的原因。「哭」，代表孩子感到挫折、缺乏自信與不快樂的表現；「哭」，也是孩子求助的訊號。如果因孩子哭鬧而嚴加責罰，不但無法幫助孩子不哭，更會讓孩子驚惶失措而變本加厲。

孩子怕事、怕困難而哭，是因為缺乏獨立自主的能力，如果父母凡事代勞，孩子就無法學習到生活自理能力。平時父母未曾讓孩子有練習的機會，有時卻又要考核孩子的能力，自然會引發哭鬧，藉此逃避責任。父母若希望孩子改善哭的毛病，可嘗試以下策略：

發揮示範功能

期望孩子達成某項任務，不宜只用口頭傳授，因聽的能力要滿八歲才能發育完成，所以成人對孩子的要求必須邊說明、邊示範，讓孩子聽在耳裡，看在眼裡。孩子從「做中學」，獲得了自信與成就感，必能減少哭鬧的機會。

避免反應情緒，但要表達感覺

許多父母常因孩子「不乖」，自己基於「忍無可忍」之下，以打罵收場。結果孩子仍然不了解父母生氣的原因，一旦「痛苦」過去了，行為並未改善，親子間白忙一場，何苦來哉！

打罵是下策，應盡量避免。父母應該學習向孩子說明心中的想法，例如：「我知道你一定有原因才會哭，不然你一定不會哭。請你告訴我好嗎？或許我可以幫你！但是，我很不喜歡你哭，等你不哭了再來找我。」說完隨即離開現場。如果一再追問原因，孩子會因為緊張而更加啼哭。如果孩子的個性內向、膽小，離開前可以擁抱他一下。孩子情緒一旦平靜下來，往往會自動傾訴原因，事情就好辦了。依筆者經驗，自信而快樂的孩子很少哭，唯有缺乏自信、不快樂的孩子才會容易哭。親愛的家長，請善用您的智慧，多花時間與孩子相處，對孩子愈了解，您才能愈稱職啊！

口出威脅的孩子

那天，五歲的女兒和表姊妹一起玩，我覺得她很小氣又愛哭，我就說了她兩句，她竟然哭著對我說：「你不疼我，罵我，我要拿刀殺自己。」說著就跑進廚房，然後真的拿刀往自己的手上亂劃……

我很驚訝她會有那麼強烈的反應。我是不是哪裡做錯了？

一個五歲孩子，竟然受到母親的責罵而對母親口出威脅，要動刀自殺，的確不可思議。筆者單從家長短短的描述，未必能幫助家長有效處理，僅能憑揣測，提供家長應重視的幾點原則。造成孩子如此強烈反彈性格的可能因素有：

父母未適時疏導孩子的偏差行為

從來函的描述中，筆者可以肯定這個案例一定是獨生女，平日比較受寵，家長常以「可愛」來看待孩子任何言行舉止，有時所謂「不乖」行為出現，父母也給與極大體諒與包容，對孩子偏差行為未作適當疏導，逐漸造成凡事「順我者昌，逆我者亡」的霸氣性格。

父母凡事代勞，不忍心讓孩子受挫折

一個被驕寵的孩子，依賴性比較強，父母大多凡事代勞，也不忍看見孩子有一絲挫折。因此，孩子就在父母百般呵護之下，洞察到父母的弱點：只要哭鬧父母就會妥協，設法安撫她，多次得逞後，自然會一而再、再而三，而且愈演愈烈的跟父母玩惱人把戲。多次得心應手之下，感覺父母已在她掌控之中，叛逆行為就變本加厲了。

孩子遇有挫折，演變到去廚房拿刀表現自戕，若非出於模仿或特殊問題，便是純屬驕縱行為，父母不可坐視，否則孩子的人格特質發展將十分危險。以下提供幾點改善的方法：

培養孩子自理能力

自理能力弱的孩子，比較沒有自信，更是缺乏成就感；連帶會產生自卑感，導致孩子易惱羞成怒，偏差行為因而產生。

少看成人節目

如果孩子常看成人節目，在缺乏理性價值判斷之下，自然會盲目的照單全收，進而模仿成人社會的偏差行為。

傾聽孩子心聲

當孩子因挫折而情緒失控時，不宜妄加責備，應先傾聽孩子細述原因，接納孩子不安情緒，當孩子情緒穩定後，孩子才會冷靜下來，父母一定要耐心傾聽孩子細訴。

尊重孩子的人格

孩子有先天平衡的條件。為什麼會不平衡？大多是父母管教失當。當孩子有偏差行為時，父母往往責備孩子的人格，例如：「你真不乖！」「你太壞了！」「你把我氣死了！」「恨不得打死你！」……

當然父母不可能打死孩子，只是一時氣話。許多父母都是在生氣之下，為了鞏固自己權威地位，才會出此下策「打罵孩子」；若有上策，自然不會生氣，也就不會濫用權威了。如果父母懂得不傷害孩子的人格尊嚴，而僅責罰孩子的行為，情形一定會有改善。

面對孩子的威脅，父母可試著用下列的方法應對：

1. 「你對我大吼，以為我會害怕嗎？你猜錯了，你大聲吼，我可以不理你。如果你很有禮貌，我就得花好多時間陪你玩，那才讓我傷腦筋呢！」
2. 「你以為你很兇是嗎？媽媽小時候比你更兇呢！是因為我爸爸媽媽和很多人不喜歡我兇，我才不再兇，所以後來他們又喜歡我。現在我很快樂！你兇的時候快樂嗎？」
3. 「你拿刀想嚇媽媽是嗎？對不起，刀子是切菜用的，不是用來嚇人的。」
4. 「你拿刀想殺自己是嗎？太麻煩了，你的力氣也不夠大，媽媽帶你去找××醫生，醫生的刀子更利，也許不會太痛呢！」

運用迂迴導正術，孩子往往會因而冷靜下來，當孩子情緒

變得冷靜以後，父母再以安慰的口氣說：「我知道你很生氣，才想用刀子殺自己，要不然你一定不會！你是媽媽的寶貝，媽媽當然是疼你呀！」說完緊緊摟著孩子。然後藉機教育孩子：「表姊他們喜歡陪你玩，只是你太愛哭了，他們才不喜歡跟你玩。不要哭，用說的，他們才會知道哇！」

「哭」是孩子因挫折所發出的求助訊號，父母如不去了解「哭」的背後所隱藏的原因，只一味加以埋怨，不啻是落井下石。失去玩伴是「痛苦」，不會處理偶發事件是「挫折」，父母從旁抱怨是「傷心」，這三種情緒加在一起，五歲孩子怎能承受得了！

愛孩子是父母的天性，親子間形成對立最大的原因是溝通不良。許多父母把「責備」、「埋怨」、「處罰」當作是「教育」，同時把「溺愛」與「縱容」當作「尊重」與「包容」，才會製造出「叛逆」與「驕縱」的個性。每個孩子的本性都十分善良，他們需要的是關心、體諒、接納與支持。千萬不要以為孩子凡事應如何、應該會懂，在人生起步上，他們是一片空白，耐心與孩子共同討論才是教育的最佳態度。曾有家長表示：「我非常愛孩子，但就是沒耐性。」筆者不禁要說：「你的愛心被沒有耐性消除掉了，孩子怎麼感受到你的愛心呢？」家長才恍然大悟地說：「哦！我知道了，我得慢慢自我調整才是。」教育孩子若能「愛心」加「耐心」，再加「意志力」，親愛的家長，您就形同「如來佛」，再叛逆的孩子也逃不過您的手掌心呢！試試看吧！

51 一吃點心就吐的孩子

點心時間，大多數小朋友都乖乖的在吃點心，威威卻總是吃了一口，就「哇！」的一聲吐了出來，然後大喊：「老師，我吃不下！」他的行為造成我很大的困擾，我該如何勸說威威呢？

威威每逢吃點心就會吐，這已不是單純的偏食問題。一般小朋友如果偏食或食慾不振，尚可用各種誘導方式，幫助他們克服偏食或食慾不佳的現象。一吃就吐，可能有以下因素：

心理因素

如果曾經有過吃了食物就嘔吐的現象，父母又因此強調：「不要吐出來！要吞下去！」孩子反而會一直覺得：「我又要吐了！」影響了胃的反應就真的吐了。孩子會自己肯定：「我就是一個吃東西一定會吐的人。」因此，對威威這樣的小朋友，最好不要先預告：「不要又吐了！」而必須努力製造良好的飲食氣氛。例如：老師可以播送好聽的音樂，並安排小組烹飪活動，因為有動手做的機會，自然產生成就感，想品嘗自己做的點心，心中充滿喜悅就不會吐了。也可建議家長和孩子進

行親子動手製作點心，相信孩子也會因為努力的成就感而大快朵頤，逐漸克服見到點心就嘔吐的心理。

生理因素

找威威的父母懇談，了解威威在家中的飲食情形，如果也會嘔吐，最好建議家長找專門醫生診斷了。

策略誘導

當威威說他不要吃點心時，老師不宜強迫，反而回說：「我知道你不喜歡吃，你可以不要，但是請你陪我吃。」當孩子看到老師吃得津津有味時，老師可以問：「你願意幫我吃一口嗎？」如果孩子願意端起眼前的點心吃一口時，老師說：「我知道你不愛吃，只要幫我吃一口就好了。謝謝你！」筆者曾用過此一方法，居然那位小朋友說：「我沒有吃，我只是幫你吃。」結果是把他自己那一份全吃光光。

孩子的想法實在不是大人所能想像，其實孩子是單純、可愛又善良的，所以只要用心思考對策，用對了「方」、「法」就十分管用且好相處。

52 孩子聽覺有問題嗎？

我的班上有一個小朋友，每次都沒有辦法依照我的要求做動作，而要等到別的小朋友做完以後他才做。我多次責罵他之後，才發現他的聽覺有問題，而家長卻不知道。我想呼籲忙碌的家長，及早發現孩子聽力方面的問題。

在筆者輔導的許多個案中，有不少父母抱怨孩子都四歲了，仍然說話說得不夠清楚，學習不專心，也不聽話，令父母十分焦慮。經筆者觀察一段時間後，發現這些孩子們面對面溝通時，都能夠清楚的回應說話內容，但是如果在側面或背面跟他講話，便少有回應。筆者為他們做聽音測試時，發現少部分的確是聽力不佳。經醫生診斷後，有些屬於先天性耳朵重聽，也有的是後天因素導致耳朵輕度重聽；更不可思議的有：因父母多年未曾幫孩子清理耳垢，或清理方法不對，也未對孩子做定期檢查，當醫生為孩子掏出一團耳垢後，孩子聽覺忽然靈敏起來，才知道原來是耳垢阻塞的關係。

引起耳垢阻塞的原因有：飲食習慣不佳，一口爛牙，硬的食物不易咀嚼，一直食用流質或絞碎的食物，使口腔牽動耳朵的運動不足，無法使耳垢鬆脫而掉出來。孩子如反應耳朵癢或

耳朵不舒服，父母只用棉籤掏掏耳朵，反而使耳垢更往深處阻塞，結果愈積愈多，使聽力的敏感度受影響，尤其是油性耳垢很難因運動而自行脫落。筆者願藉此機會向年輕家長呼籲：聽力不佳有許多因素，幼兒表達能力有限，不易讓父母了解，應定期帶孩子到醫院作健康檢查，尤其是視、聽覺及口腔等，至少每半年檢查一次。據醫生的說法：如果錯過幼兒期，就比較難治療了。敬請年輕父母們，切記預防勝於治療的道理，幼兒感官尚未發育完成，若能及早發現、治療或矯正，痊癒的機會很大。

宗長成長篇

父母多一份用心，孩子多一份保障

父母的用心，可能會影響孩子的一生。

筆者與外子利用春假，參加學校舉辦的春季旅遊，做了四天三夜南橫之旅。四十多位成員中，大人小孩參半，在政大同仁悉心安排下，乘著雙層巴士浩浩蕩蕩出發。一路上為了排除寂寞，有的唱歌，有的說笑話，也有的提出幽默的心理測驗，筆者也翻出陳年糗事來博大家開懷一笑。

一路上，許多小朋友都乖乖坐在父母旁邊，享受父母的溫情；唯有一位年輕母親，放任孩子在車內走道上來回走動，無視於同仁的擔心與叮嚀：「危險！萬一來個緊急煞車，怎麼得了。」但是言者諄諄，聽者藐藐，那位母親和孩子都依然故我。

坐在後排的一位教授前來問筆者：「遇到這種事，你說怎麼辦？」然後憂心的說：「萬一小孩出了事，全車人都得陪著上醫院，這趟旅行就泡湯了。」這時候，那位母親過來問筆者：「孩子不聽話，打一頓有效嗎？」筆者回答：「一歲多的孩子還太小，根本不了解為何被打，只有請你耐心看牢他，否

則真的太危險了！」

不料，這位母親只聽進前面的一句話，就跟大家說：「專家說不能打。」便依舊放任孩子在走道上踉踉蹌蹌……。所幸因為高速公路上車輛太多，車速逐漸變慢了，否則真不敢想像。同仁們因孩子在車上的行為而擔心，不斷發出驚嘆聲，而其家人卻無動於衷，這種情形，真得要靠父母的「自覺」。如果父母缺乏這份自覺，任何人上前建議，不但說的人要有不被接納的心理準備，聽的人內心也會不太舒服，真是「皇上不急，急死太監」。無奈呀！

我們不難發現：有心當父母而不用心者，比比皆是。他們任由孩子在公共場所亂竄，一旦付出慘痛代價，就要後悔莫及了。平時疏於教導，等於默認孩子的不當行為。孩子的安全應由誰負責？萬一出事了，怪車子不好？怪司機先生開太快？還是怪孩子不聽話？或自己疏於照顧？宜深思！

如何建立和諧的親子關係

自從孩子進入小學階段，生活中有課業壓力以後，我們之間的對話內容，常是命令及反駁的對抗。我多麼希望我們之間能建立一種和諧的親子關係。

這位母親已察覺到與孩子的緊張關係，可能是對孩子採取命令方式，才會遭到孩子反駁與對抗。許多孩子都因為受到父母責備，而益形叛逆或退縮。尤其是讀書、做功課，父母如果不斷反應對孩子功課的表現不滿意，非常容易造成孩子情緒低落，把不悅的心情遷怒到功課上，視做功課為痛苦，也就更不能專心課業了。

希望與孩子建立和諧的親子關係，首重溝通技巧與和諧氣氛的經營。不宜把對孩子不滿的情緒，發洩在孩子身上，要把感覺讓孩子了解。例如：當孩子不做功課時，不要說：「還貪玩，快去做功課！」而應該說：「你願意飯前做好功課？還是吃過飯後再做功課？」讓孩子二選一，尊重孩子有選擇權，會比較能讓孩子為自己的決定負責。如果孩子字跡過於潦草，找出比較端正的字加以讚賞，不要只看到錯字而加以責備。如果孩子寫錯字，父母可以寫正確的字，讓孩子去對照、檢核，跟

孩子說：「比比看，哪裡不一樣？」讓孩子自我糾正。責備、埋怨與批評，只會令孩子不耐煩而沮喪，甚至反抗。無論如何，要改變孩子叛逆的態度，必須調整自己權威的言詞，唯有尊重、接納、體諒與鼓勵，才能保持彼此的好心情，也才會使孩子內心感動而變得更聽話、更用功。

3 孩子很「另類」，父母怎麼辦？

我的兒子今年五歲，以前說話都老老實實、正正經經的，最近忽然不曉得去哪裡學來另一套的說話方式。我跟他說話時，他老是念一些「小姐，小姐，別生氣！」「楚留香」或練武、打殺等怪話和怪動作，氣得我不知如何是好。

學齡前幼兒正處於凡事都愛模仿的階段，三、四歲的孩子雖然喜愛模仿，但對語言中的含意體會不深，僅能在肢體動作上模仿而已，有時會作些滑稽表情自尋開心；而五、六歲的孩子已能體會某些語言的含意與幽默，所以最喜歡聽笑話，同時也愛模仿自已感到新鮮的語言及動作，這些現象是幼兒發展過程中常有的現象。教育家，同時也是生物學家及哲學家——皮亞傑（Jean Piaget，1896～1980，瑞士籍）曾稱讚：「兒童是天生的幽默大師。」

孩子的許多新鮮話，大多是從讀小學的哥哥姊姊那兒學來的。在此日趨開放的社會，傳播媒體十分發達，許多小學生在耳濡目染之下也學會許多俏皮話，而且有趣又押韻。有的是

「自嘲」，有的是「糗人」，當然也有的是「損人」，但還算幽默，也不太粗俗。只要不粗俗，不具攻擊性語言，父母實在不必太在意。孩子只是基於「好玩」，並非「不正經」。如果有某些粗俗或罵人的話，父母不妨向孩子反應：「這句話讓我聽了不快樂，請你去漱口，把髒話洗掉。」孩子才會警覺到哪些話不能模仿。而且每次說完就必須漱口，基於嫌麻煩，也就可能會放棄。如有打殺動作，不妨說：「客廳不夠大，要練武請到院子去，或等媽媽有空帶你到附近公園去練。因為媽媽擔心你會碰壞東西或弄傷自己。」父母若能清楚的表達感覺，不責備、不生氣，孩子大多能比較收斂。千萬不要一味責罵或禁止，把孩子惹毛了，不但更不聽話，也許會更變本加厲，往往使父母更生氣，實在划不來。

親愛的家長：發揮一下幽默感，偶爾回應一下，跟孩子過幾招，您會覺得孩子跟您更親密，而且必定能贏得孩子的合作。

爲孩子作良好示範

有心結婚，也要用心經營，才能開啟良好的溝通管道。

人生最大的悲哀到底是什麼？筆者以為並非生離死別，因為命運並不能完全操縱在自己手上。如果浪費有限生命，混沌一生，才最可悲，也最可怕。我們要如何珍惜有限生命，追求生命的「質」？最起碼把家庭經營成有情天地，才是應該重視的一環。尤其是夫妻生活中的溝通與協調、互信、互諒，彼此尊重，不僅關係著個人幸福，也影響下一代健全人格的發展。

夫妻間坦率的表達感覺，便是開啟良好溝通的管道；體貼與關懷，更是開啟愛的鑰匙。孩子看在眼裡，聽在耳裡，不僅使孩子增添安全感，對於人格陶冶也具有潛移默化的作用。孩子對父母的恩愛，心理上會產生滿足感，情緒也就比較穩定，自然而然，學習態度才能專心。如果看到父母不時爭吵，孩子對父母將失去信心，缺乏安全感，導致情緒不穩定，對愛會顯示極端苛求，如果得不到愛的滿足，便會反應出叛逆或退縮的行為。所謂「家是一個避風港」，即表示要避免大風大浪，唯有風平浪靜，才能盡心經營有情天地。

現今社會，離婚似乎十分普遍，有心結婚，卻不用心經營，稍遇挫折或幾次衝突，便放棄努力，如果還顯示一副無所謂的態度，即已給了子女最壞的示範。追求幸福當然必須付出代價，願天下年輕的父母，把握現在，盡心盡力改善親子、夫妻間的關係，為自己，也為孩子努力經營婚姻生涯吧！

道德教育往下紮根

塑造下一代性情，培育良好資質與道德修為，必須往下紮根、從早期教育做起。

幼兒周圍的成人，包括老師和家長，都是決定幼兒未來人格道德品質良窳的關鍵。因此，成人的修養、平日言行舉止，對幼兒都將產生潛移默化的作用。所以，若期望幼兒有禮貌，待人有同情心，能夠體諒、尊重、包容，並且有感恩的心和樂於助人的美德，就必須讓幼兒能夠在成人身上看得到、感覺得到。

從事幼教的老師，若能針對幼兒社會行為，與幼兒討論後，再共同設定生活規範，鼓勵幼兒自我評量，才能促進幼兒自我省察，達到律己效果；若是用指揮與命令的態度，不但令幼兒心生畏懼，更喪失學習與改進的勇氣。因此，道德教育不是靠常規訓練，而是落實在日常生活中。凡是靠訓練作為手段，必無法獲得幼兒全心合作。老師平時應以無比的愛心與耐心來贏得幼兒友誼，才能讓幼兒心甘情願自我調適，進而追求個人理想的實現。

例如，當孩子發脾氣時，不宜用「再鬧，小心挨揍！」或

「再哭鬧，就不帶你去玩了。」等威脅的語氣，那會使孩子備感痛苦，內心吶喊：「大人一點都不了解我！」孩子拙於表達，只有哭鬧得更兇。父母又感到孩子不聽話，只得以武力相向，導致孩子更是悲痛萬分。如果父母能摟著孩子說：「我知道！一定有什麼事讓你很生氣才會哭，要不然你一定不會。」語調充滿包容、體諒，孩子痛苦的情緒才會平靜下來，然後再進行了解，方能獲得孩子合作。

所以，幼兒道德教育必須重視親師間或親子間互動的品質，使道德教育能及早紮根。否則，往後即使加倍努力也是枉然，長大後必然危害社會，造成社會問題，此時有關單位無論如何努力的提倡道德教育，已是亡羊補牢，為時已晚矣！

6 父親教育子女時應扮演的角色

作為孩子的父親，不宜視教育子女為母親的責任，父母雙方如能發揮剛柔並濟，孩子的性格才得以平衡發展。

許多學校的親子活動，似乎只為母親而舉辦。近幾年，雖然已有不少父親參與，卻都是選擇性的參加，例如：親子運動會、畢業典禮等，其他活動幾乎清一色是由母親來參加。筆者經常受邀參加親職教育講座，對少數前來參加的父親們，每次都不忘給與肯定與鼓勵。孩子在成長過程中，父親角色的重要性不可忽視：

1. 孩子受到抱怨與責罰時，父親如能及時帶孩子到一旁進行了解，發揮男性獨特魅力，有穩定孩子情緒的作用。孩子受到父親的從旁支持，往往會主動自我調適，進而發揮理性思考與服從精神。
2. 孩子受到挫折時，偶爾改由父親進行了解與鼓勵，會使孩子因為人格受到肯定，對事情所帶來的挫折，比較有勇氣力求克服。
3. 家中如有女孩子，父親角色尤其重要，平時如果能放下身

段和孩子親密相處，不但可以調和女孩個性，長大後也較能以冷靜的眼光選擇對象，對未來婚姻有莫大助益。如果父親讓孩子見而生畏，會產生兩種負面影響：第一，影響孩子對異性認同的偏差，未來可能對婚姻心生畏懼而排斥異性；第二，如有男性稍獻殷勤，很容易倒進男性懷中，造成一失足成千古恨。

筆者自小受到父親寵愛，家父是學藝術的，喜愛遊山玩水、寫生作畫，筆者成了家父當然的小跟班。所以家父年輕時代舉辦多次畫展，許多畫的內容筆者都非常熟悉，包括家父作畫時的心情，及他的一群畫友。筆者從小混在「男人堆」中，因此日後見到男生時不覺得會害羞；在三、四十年代，只要有男生找女生說話，絕大部分女生都會被男生看得滿臉通紅而低下頭來，而筆者卻常把男生看得低下頭來；其實那時代，男生也一樣會害羞。筆者和外子結婚至今已四十三年，頗覺幸福美滿，常感此乃拜家父所賜，對自己有信心，對男生無所懼，練得一雙如「X 光」似的眼睛，擇偶時勇於明察秋毫，才能獲得理想終身伴侶。故而深深體會家庭中父親角色絕不能忽視，為了子女未來的幸福，父母雙方都應為子女付出愛與關懷。

許多父親抱怨家中男孩太過女性化，動作慢，稍遇挫折，即以啼哭來反應情緒；卻也抱怨自己太忙，沒有時間陪孩子。事實上，希望孩子像自己，就必須為孩子付出時間與努力。千萬勿在忙碌中錯過與孩子相處的日子，同時錯過奠定孩子良好氣質的童年。

7 夫妻雙方應有足夠心理空間

男女雙方因相識、相愛而結為夫妻。一旦結為夫妻就應即早成立「愛的銀行」，讓愛生愛，婚姻才能長長久久。

筆者與外子，從陌生到相識、相愛，進而結為連理。雖然我們的個性南轅北轍——外子的個性比較保守內斂，屬於「穩重型」；筆者個性卻十分外向熱情，是屬於「衝動型」（說得白一點兒，就如同一個「慢郎中」娶到一個「急驚風」），竟然能經過一萬多個日子相處，仍然相安無事、無怨無悔，而且相愛如昔，自忖最大的心得有兩點：

其一，雙方各自擁有獨立自主的發展空間。筆者深切體會，婚姻不應是占有，不能因為結了婚而限制對方自由。婚姻必須建立在兩人共處的感覺，使雙方都有足夠的心理空間，發展個人不同的興趣與才能。筆者以為男女結婚以後，千萬要彼此尊重，不可能我成為你，或你成為我，無論多麼親密還是兩個不同個體。只有夫妻平時不斷給與對方支持與鼓勵，分享對方的經驗與成就，使雙方都能日益充實而成長，夫妻生涯才能

豐富而長久。

其二，為對方製造驚喜，讓愛生愛，每多一份關懷，生活便多一份溫馨與驚喜，也等於在愛的撲滿中多了一份儲蓄；愛的儲蓄愈多，愛情基礎自然愈穩固。夫妻間偶爾若因為價值觀的不同而有爭吵，只要冷靜思考平時的恩愛情境，彼此曾經擁有過的甜蜜往事，許多不愉快的因素也就變得不重要了。這就是要在平時不斷作「愛的儲蓄」，所以婚後即成立「愛的銀行」非常重要。

身為父母，就應該用心經營婚姻生活，否則夫妻的恩愛、子女的幸福都將成為泡影，不但得付出相當大的代價，更會讓全家人都痛苦一生。

談孩子獨立的問題

孩子懶得動腦筋，常常反應：「媽！怎麼辦？」婆婆一聽就馬上去幫他解決，如今孩子三歲半，如此事事依賴，對將來會有不良影響嗎？

幼兒階段缺乏危機意識，也毫無防衛能力，更談不上應變能力，因此，學齡前孩子絕不可以自行上下學。培養孩子獨立，必須以安全為首要考量。尤其是「獨立」並非讓孩子「獨來獨往」，而是培養孩子能獨立思考，以及不過度依賴父母凡事代勞。如今由於小家庭制度日趨普遍，父母又匆忙趕著上班，孩子常缺乏人手照顧，大多急就章的為孩子洗臉、穿衣、餵飯、收拾散落一地的玩具等。幾乎無暇等待孩子慢慢的獨立完成生活自理的練習。孩子被代勞一旦成了習慣，便產生依賴心理，缺乏責任感，手眼協調差，成就感低落，影響情緒穩定而逐漸形成偏差行為。也有許多全職媽媽，孩子尚未感到冷，已替孩子加上衣服，還沒餓即開始餵飯，父母追著孩子餵飯屢見不鮮，不但剝奪了孩子獨立思考空間，對冷熱與飢餓敏感度會愈來愈差，也易造成未來入小學時對功課丟三落四，這些都是因為未能及早培養獨立思考及生活自理能力所致。

及早培養孩子獨立思考，不僅在無形中培養了孩子對周遭環境的敏感度，同時培養了孩子對人事物判斷的能力，孩子也因為有機會獨自完成一項任務而有成就感，逐漸養成了自助而能助人，進而增進了良好人際關係，使責任感、自信心、歡愉心也隨之接踵而來。以上分析，相信家長們不難理解培養孩子獨立問題的方向與意義了。

幾歲上學最適合？

我的孩子今年滿三足歲了，婆婆一直叫我不要再把孩子送到保母家，改送去幼兒園，讓孩子多學些東西。我擔心孩子還太小，不會照顧自己，幼兒園裡一個老師照顧的孩子又多，不曉得孩子能不能夠習慣。請問孩子到底幾歲上學最適合呢？

入夏以來，許多用心的父母，都開始四處打聽如何為子女選擇幼兒園所，希望子女在幼小階段，就能打下良好的人格教育基礎，以便未來更有能力因應新的挑戰。選擇人性化基礎教育，確實必須十分謹慎，以免子女的安全感、意志力、自信心、創造力及價值觀等受到傷害及扭曲。

孩子幾歲開始該上幼兒園所，並沒有定論，父母必須觀察孩子的個別狀況而定：

健康狀況

孩子的身體是不是很健康？孩子進了幼兒園所以後，難免會接觸到許多外在的感染，孩子的健康狀況有沒有足夠的承受能力。

語言表達

孩子的語言表達能力足夠，可以充分表達心裡的想法，進了幼兒園所以後，就能和老師、同學溝通無礙了。如果語言表達能力差，雖然和同儕互動中可以有較多聽和說的機會，但是也因為拙於表達，容易令同學不耐、受到批評而備嘗挫折；如果孩子個性開朗、不在乎同學調侃，那就另當別論了。

情緒的穩定度

孩子的情緒如果不夠穩定，到了三、四歲還是依賴性很強，遇到事情就用哭喊來表達，這樣就還不適合上學。

即使是三歲的孩子，如果情緒穩定、說話流利，就可以提早進入幼兒園所，學習一種新的人際關係。如果父母忙碌又缺乏耐性，在家中未能受到良好照顧與教育，不如一歲就送到托兒所，由專業的保育員照顧。但是回到家裡就應該珍惜相處時光，建立良好親子關係。多半來說，四歲開始上學，兩年後再進入小學，適應能力會比較好。因為第一年上學的時候，孩子和父母都要培養相互脫離的適應能力，和情緒上產生的焦慮。到了孩子五歲的時候，一切不安的情緒都已經撫平，這時候的孩子就可以像塊海綿一樣，充分吸收老師的教導了。

家長考量孩子適不適合入學以後，再為孩子選擇一所最適當的幼兒園所，就可以放心的把孩子送去另一個開闊的生活學習空間了。

在選擇幼兒園所方面，父母可以及早到附近的園所去參

觀。雖然園所的環境是否寬敞、乾淨、通風、採光、綠化等都很重要，但是，師生互動的氣氛、教材的運用、室內佈置、師生與空間的比例（一比十五）等，更會直接影響到幼兒心靈和人格特質，因此也應該是考慮其優良與否的重點。無論如何，多一點兒費心，孩子必多一分保障。

如何選擇幼稚園(一)

某些家長為了讓孩子發展得更好，替孩子選擇了自認為比較理想的幼稚園，不料，孩子卻每天吵著不去上學，讓父母傷透腦筋。如何為孩子選擇真正理想的幼稚園呢？

如何在孩子幼小時期，為孩子選擇一所比較理想的幼稚園、托兒所，確實是每位年輕父母應該關心的問題。以下就如何選擇幼稚園，提出個人看法供家長參考。

幼兒需要跑跳空間

戶外活動有寬闊空間、綠色草坪等，可以供幼兒自由奔跑；如果有一座綜合遊樂設備，對幼兒的大肌肉發展和情緒紓解都有幫助。若無戶外空間，室內至少應闢一大空間作為幼兒體能遊戲室。否則，如果成天只坐在室內「上課」，幼兒為求身體的舒暢感，會出現許多大動作，同學之間碰撞推擠必然難免，因而產生行為或情緒問題，往往也導致老師對教室秩序管理失去耐心，起而責罰。幼兒常為逃避責罰，說謊、自私、攻擊性或自卑、退縮等行為便一一呈現，對健全人格培養有不良影響。草坪除了供觀賞用，還可以提供孩子足夠的跑跳空間，

這才是孩子的最愛，身心也才得以平衡發展。

室內布置以兒童為中心

室內應充滿幼兒作品。教室布置不是只為吸引成人的讚賞或視覺效果，僅以老師自己的作品來布置教室。各種牆面上的設備，如掛圖、時鐘、照片、生日圖等，都應以幼兒視平線的高度為準，如果唯恐孩子弄髒、破壞，而把一切都高高掛，反而失去機會教育。凡是玩具、圖書、文具用品等，不但應該讓幼兒唾手可及，還必須方便收拾。以兒童為本位，才能使幼兒玩得自在、自信、自律、自勉，達成自我教育之理想目標。

有幼兒專用置物櫃

從小必須培養幼兒隱私權觀念、尊重別人的東西，未獲對方同意，絕不宜隨意翻動，或「拿」別人的東西。同時，也學習妥善整理自己的東西，每週定期清理，培養良好的生活習慣。

光線是否適中（室內光線不低於250lux）

太暗或太亮，尤其桌子如果是光面的美耐板，會有反光折射作用，對視力造成傷害。

記得三年前的一天上午，筆者行經一所頗知名的幼稚園，聽說那所幼稚園教授寫字、注音及各種才藝班，家長為提早讓孩子「打下基礎」，爭相將孩子送入這所幼稚園。當筆者步入該所幼稚園時，一位老師模樣的人前來擋駕：「你有什麼事？現在是上課時間，不可以進來。」筆者靈機一動，謊稱有孩子

要來上學，想先來看一下，總算才放行。到了教室門外一看，裡面光線十分昏暗，只見每位小朋友趴在桌上寫字，筆者忍不住問裡面的老師：「光線是不是太暗了一點。」老師回答得很妙：「你進來站兩三分鐘後，就可以看清楚了。」天哪！孩子視力在極度疲勞之下從事細小動作活動，怎能不受傷害呀！到了小學一、二年級後，個個變成四眼田雞，難道不也是幼稚園打下的基礎嗎？

觀察師生互動與室內氣氛

一般權威式的老師，比較會去限制幼兒自主學習。一方面擔心管不住，一方面為求方便管理，大多採集體教學，老師說得多，幼兒表達得少，室內安靜，表情嚴肅，嗅不出愉悅氣氛。民主式的老師，較能尊重幼兒自在的走動，談笑聲此起彼落，重視個別化學習，鼓勵相互合作，每個人都很熱情、體諒與尊重，師生的面部表情也都十分愉快。

注意幼兒的「書包」

學齡前幼兒應重視身心健康和良好的生活教育，並為幼兒社會行為發展偶爾個別輔導。如果幼兒「書包」裝著大量坊間教材，可想而知該園只為滿足一些重視認知學習的家長，失去專業道德和缺乏說服家長的勇氣，或者是缺乏針對園裡幼兒現況編擬活動方案的專業能力。過多作業所帶給幼兒的壓力，必定會破壞學習興趣。此外，許多幼稚園為增加收入，巧立名目，成立各種才藝班，為回饋家長另繳費用，必然重視成果驗收，相信幼兒也必須提早失去歡樂童年。所以，凡重視幼兒人

格教育的幼稚園所，幼兒「書包」除了放置一些換洗衣物外，大概就是放些樂於和小朋友分享的玩具了。

參與新生家長說明會

比較朝理想、理念經營的幼稚園、托兒所，大多會舉辦新生家長說明，向家長介紹辦學方針、師資素質，以及需要家長配合事項，而且當場也會有時間讓家長把問題提出來，澄清家長疑慮；能配合時，行政主管必會力求改善，不能配合時，也會向家長說清楚。能夠結合親師雙方力量來經營，教育效果自然比較好。

除了以上七點之外，幼兒餐點是否以健康飲食為原則，餐具是否採不銹鋼材質，並有殺菌烘碗機等設備，都可列入考慮條件。師生比例基本上應為一比十五，路途不宜太遠，以家長能親自接送為佳。在孩子入園前，只要用心選擇，必有收穫。

如何選擇幼稚園(二)

幼稚園的硬體設備固然重要，但軟體的提供更為重要，如此才有助於兒童身心靈健康地成長。

師生互動氣氛

老師應充滿關愛的眼神、愉悅的表情，隨時蹲下來個別和幼兒輕聲細語的對話，如此方能帶給孩子歸屬感與關懷心。

教材的使用

最好是由孩子共同研討編擬，如此才能針對幼稚園裡孩子發展的需要，也顯示該園所老師確有專業素養。否則，若只是大量採用坊間教材，趕進度，忽視幼兒個別差異，不但對幼兒造成無比壓力，每天紙上作業的結果，缺乏足夠運動，體力不足，耐力及專注力必受到嚴重影響。把幼稚園所當作小學先修班，是危害幼兒身心發展的做法。

環境布置必須以幼兒作品為主

許多園所只為了取悅家長，請廣告公司人員設計，以大幅

油畫、美工來美化環境，或由老師親自做美工，把教室布置得五彩繽紛。其實，幼兒生性好奇，一幅畫對他們來說，只有三天的新鮮，為啟發幼兒創造力，應提供幼兒足夠的作品展現空間。

「家園」距離不宜太遠

家和幼兒園所的距離，以交通工具搭乘的時間來衡量，不宜太長。否則，幼兒乘坐交通車，隨車大街小巷穿梭來接其他幼兒上學，花在車子的時間太久，被轉得頭昏腦脹，甚至於嘔吐不舒服，影響一天的學習情緒。

重視親職教育

幼稚園或托兒所有親職教育欄的布置，提供各種有關文章，例如：「行政資訊」、「教育專欄」、「醫藥新聞剪輯」等，供家長對幼兒教育、個案輔導案例、醫藥常識、健康指南等能多一份認識與了解。

除此之外，廚房的衛生、餐點內容營養是否均衡等，也應該列入考慮。

12 幼稚園可以讓孩子學到什麼？

許多家長對幼稚園行政及教學內容並不十分了解，以為幼稚園只是吃吃點心、唱遊或畫畫而已。到底幼稚園可以讓孩子學到什麼呢？

幼稚園是專門為了學齡前的孩子而設，自然有不同於家庭的設備和教化的功能。它著重在培養孩子的學習興趣和良好的學習態度，視學習過程重於結果。尤其幼稚園老師大多接受過專業訓練，比較能客觀的接納孩子個別差異，幫助孩子適應環境，建立對未來面對挫折時力求克服的勇氣。

概括說來，幼稚園能給孩子的是：

1. 團體生活都有其必要的規律性，可以培養孩子時間運用的概念，同時也可以培養孩子與人相處的社會適應能力。
2. 透過團體討論、團體制約、幼兒自我評量等活動，可培養孩子良好的生活習慣，使孩子勇於檢討，並自我調整偏差行為。
3. 運用角色扮演、專業老師的示範及身教的功能，可以培養孩子待人接物的禮貌、幽默感及展現個人特有氣質。

4. 利用集體創作的啟發，同學間相互腦力激盪，激發創造力，並且學習分工合作，相互分享。

5. 透過自然科學活動，種植、飼養小動物等的過程中，了解什麼是生命，體會照顧生命的種種意義，同時培養責任感。

6. 學習角（區）*的規畫，滿足孩子成為教室中學習的主人，可以自己作決定，各取所需或分工合作。不但可以充分發揮自我教育的本能，同時可以學習如何與人相處，如何贏得友誼，又為何失去友誼，逐漸調整而改善人際關係。許多父母認為實施開放教育的幼稚園，都是讓孩子玩，何必花錢讓孩子到學校去玩，不如利用學費，買更多玩具在家裡也可以玩。話雖不錯，但是卻無法達到與同儕間相互學習及一起腦力激盪之效果，更重要的是社會行為發展也受到嚴重限制，對未來入小學，與同學相處的能力就很不利了。

---

*請參考《幼教課程模式》（心理，2003）中第三章「學習角與大學習區」，筆者有更詳細的介紹，可以清楚地了解其中的意義、目的與功能。

幼稚園能否提前教注音符號？

幼稚園該不該教注音符號，是一直以來家長與老師爭議的問題。雖然教育局曾三申五令不可以在幼稚園教注音符號，但是仍然有許多幼稚園照教不誤。該不該提前偷跑，端看幼稚園的教學理念與態度了。

許多家長希望孩子上幼稚園時，老師能教授孩子注音符號，以免入小學以後會跟不上。幼稚園為了招收學生，寧願忽視教育局旨意，也不願違背家長的要求，可以理解也值得同情。到底幼稚園該不該教注音，已不是新鮮話題，但是每學期仍有許多老師及家長，為這個問題感到困擾。

筆者為此特別走訪小學老師，結果低年級老師們反應：「在幼稚園提前學習注音的小朋友，大多抱著我早就會了的心態，上課較不專心。」由於小學低年級老師都必須經過正音研習，而幼稚園老師較無硬性規定，往往因發音不準或字形筆劃有誤，導致小學老師「訂正」工作十分困難。小朋友因已先入為主較難改進；未曾學過的小朋友，方能抱著一顆好奇心，經過一段時間學習進步，逐漸嘗到成功的滋味。

低年級老師強調：一年級注音教學，從聽、說、寫、作，自字音到字形，逐漸由認知、練習、評量，到訂正，十周後若未能學會，老師還會加上國字及提早寫作的練習，以螺旋式課程結構，不斷反反覆覆的練習注音符號，一學期後一定會有良好效果，家長實不宜以幾周內來判斷孩子的未來成就。筆者也曾跟許多憂心媽媽提過：孩子如果提前在幼稚園學注音，必減少了孩子應有的探索學習時間。每個階段有不同學習內容，教注音既然是小學老師應盡的責任，幼稚園老師自不應越俎代庖。最重要的是，家長的焦慮如果影響到孩子的心情，學習效果必大打折扣，因為孩子會擔心考不好挨罵，往往導致緊張而失常。只要孩子有幾分努力，就該給幾分鼓勵。

記得曾經有位反應最為激烈的家長，為了孩子在幼稚園沒能學到注音而對老師十分不諒解，結果兩年後孩子上了二年級，特別到幼稚園向新生家長表白：不要在乎起跑的輸贏，她的孩子上一年級時，從二、三十分而進到滿分，漸入佳境讓孩子對學習充滿信心。如果每位家長都能以一年時間來看待孩子對注音的學習成果，那麼，還需要緊張嗎？

家長會在學校扮演的角色

幼稚園成立家長會的情形，在台灣並不普遍，事實上，如果幼稚園亦能成立家長會，與家長密切溝通、合作，在各項行政推動上，應該是助力而不會是阻力。

早期學校家長會的功能十分單純，除了為少數家長因某種事故，代為出面向校方反應，扮演雙方橋梁的角色以外，便是出錢改善校方的環境、設備。如今由於社會已邁向開放，家長會的角色也更多樣化了。

家長會是由全校在學學生的家長所組成，其目的自然是為了增進學校與家長間密切的聯繫，以共同促使學生在教育上得到更好的發展。家長會角色大致分為：

班級家長會

顧名思義自然是以班級為主，開學後大約一個月左右，由各班導師或熱心的家長代表，出面召開班級家長會議，研討有關今後學校教育與家庭教育等問題，進而深入的溝通與聯絡事項，老師表達期許家長如何來配合學校的教育方針，達成雙方教育理念的共識，幫助孩子順利走過童年；家長也可藉由該會

議的反應改進，以及提出有關的建議事項。

會員大會或家長委員會

這是全校性的會議，一學期召開一至二次，必要時再召開臨時會議。其角色功能大致是：

1. 協助學校發展教育及提供改進建議事項，協助學校擴充設備，討論會員提案，審議會務計畫，會費收支預算，以及審議家長會組織章程等。
2. 協助學校處理重大偶發事件，以及學校、老師和家長之間的爭議，或推選代表列席學校校務、教務、訓練、輔導等會議，協助學校辦理各種有關教育方面的活動，例如：親職教育、親師聯誼會等。

無論如何，學校與家長之間，都必須以開放的心胸，接納彼此的意見，在「有心」、「用心」及「熱心」合作下，才能使家長會的角色發揮最大功效。

15 義工媽媽在學校扮演的角色

所謂「義工」，當然是不支薪，所以義工角色給人的感覺是熱心、清高而且超然。

義工媽媽可以因旁觀者清，把在校所看到需要改進的部分反應給學校。反應技巧是否過當，常有兩極化的評價。如果學校當局對義工媽媽的反應視為「找碴」，不但使義工與學校陷入對立的僵局，也導致義工媽媽對提供建言卻步，因此，營造彼此和諧的氣氛十分重要。例如：學校定期和義工媽媽舉行茶敘，在輕鬆、自然的談話中，反應改進意見，或共同提出解決方向。如此不但可以讓校方視義工媽媽為共同參與教育革新的伙伴，義工媽媽也會將學校看成自己生活的一部分。

有些義工媽媽具備了特殊專長，例如：美術、音樂、舞蹈、插花藝術、陶藝、烹飪、電腦等才藝，學校可以提供義工媽媽負責部分指導工作的機會，使學生生活更多采多姿，擴大學習的層面，同時，義工媽媽也獲得了發展才藝的空間，讓生命更加活躍。也有些義工媽媽可以協助校方修補圖書，辦理借還圖書的工作，整理資源回收，或製作教具、編輯刊物等，無

形中，義工媽媽在學校的角色自然日益重要。他們扮演著觀察者、傾聽者、協助者、諮詢者、輔導者等多重角色，具有很正面的意義。

義工媽媽在校奉獻一己之力，校方也應舉辦成長團體，提供義工媽媽進修機會，或邀請他們參與校方自強活動，如球賽、旅遊、參觀等，以回饋他們的辛勞，使義工媽媽「有捨」也「有得」，義務工作才能遠遠久長。

16 用愛心栽培孩子

父母總是有擔心孩子學太少東西，又怕孩子學太多的矛盾心態，怎麼辦？

人與人之間有了感情，自然就會「擔心」，何況自己的孩子，更是一輩子都擔心不完的！如果父母對教育認知有深刻了解，對孩子的性向也能深入體察，相信矛盾心理便會減輕。否則，真是鬆手怕丟了孩子，捏緊又怕傷了孩子。這種心情是值得感動與諒解的。

孩子學習多少，端看孩子的吸收程度。如下棋、跳繩、作畫等，必須與大人互動；此種親子互動方式，毋須強迫記憶，也不必趕進度，是值得鼓勵的學習活動。如果要孩子去學彈鋼琴、心算、繪畫等需要繳學費、拜師學藝式的學習，父母自然有期望（期望孩子用心學，才不浪費學費），有期望當然就可能會有失望，父母為避免失望，往往會叮嚀孩子「要認真！」如果孩子的成績不夠理想，則「訓詞」就紛紛出籠，孩子壓力之大，可想而知。如果孩子壓力過大，反而喪失了學習興趣，缺乏興趣，學習效果自然不彰。所以父母必須關心孩子對某項學習的興趣、體力，以及教學的師資、環境等，這些都會影響

孩子的學習意願及效果，不宜單純的只坐收孩子的學習成果。

學習是一輩子的事，猶如馬拉松賽跑，不會為偷跑的鼓掌，卻會為贏在終點的選手歡呼。也就是說，父母不應在孩子起步的階段，就寄予太多期許，期許愈多，壓力愈大。請把期許埋在內心深處，用心跟孩子相處：傾聽孩子的心聲，與孩子談天，陪孩子運動、玩耍、讀書、說故事……，這些是最好的情意與智慧的傳遞。孩子在愛、尊重與學習的氣氛中成長，未來必能面對挑戰，做個努力不懈的「學」人。

17 期待孩子考第一名的父母

我有一個小學一年級的女兒，我對於她的課業成績，一向非常認真督促要求，希望能讓她打下良好的基礎。外子對此常有不滿，認為孩子還小，何必要求得那麼多。我很困惑，不知道該怎麼辦？

期望孩子有良好學業成績，相信是每個父母的心意，但是，如果要求過高，往往也會產生負作用。尤其是一年級的新鮮人，初入小學應該從培養興趣及信心著手，否則很容易產生排斥心理。如果您的先生對於教育態度提出不同的看法，不妨共同商討，總比一個人的想法會客觀些。

打下孩子良好的基礎，除了功課以外，更要注意到孩子個人的情緒反應、自信心、責任感（包括對家庭適度付出的努力）、感恩心，以及人際關係等。期望孩子有好的學業成績，不該用逼迫的方法，而是用鼓勵，例如：當孩子考試成績只有五十分時，也要說：「比零分多了五十分，如果再用功一點，一定會比五十分多了許多。」孩子必定會內心深受感動而努力用功。如果責備：「怎麼只考五十分？」孩子因為自尊心受傷而回答：「有人只考三十分哪！」結果孩子反倒因惱羞成怒而

不加以反省了。自尋臺階的「頂撞」方式，常令父母氣結，其實孩子有如此反應，都是因為父母對孩子有不滿意的語氣所造成，如果說：「你知道哪裡錯了嗎？有沒有需要媽媽幫忙的地方？」如此，孩子心裡就不會有更大的挫折感。

此外，每日訂正孩子功課時，一定要注意自己說話的態度，避免孩子受到挫折而反彈，如果孩子心情不好，更無法專心作功課了，您說是嗎？最好在責備孩子以前先思考一下：「我希望孩子有好心情去作功課，還是把孩子心情罵壞了，讓孩子去作功課？」當然，每當對孩子因期望而失望時，心情難免會不好，這就要考驗自己的修行了。慢慢來，父母親的角色本來就很難扮演，對孩子的期望，對自我的要求，都是急不來的。沒有一個人生來就會當稱職的父母，都是自我修鍊與調整才逐漸稱職的呀！

18 讓孩子練習做事

太寵愛孩子的父母，總認為孩子還小，什麼都不會，凡事幫著孩子做，讓孩子養成依賴的個性。老師應該怎麼輔導這樣的孩子？又該如何給與父母正確的觀念呢？

父母過於嚴苛，固然讓孩子痛苦、焦慮、失去信心，同時也模糊了自我概念，逐漸變成叛逆或退縮；而過於寵愛、對孩子百依百順，則會流於放任，造成孩子是非不明、對事物予取予求、凡事要他人代勞，容易形成獨霸個性，日後很難適應環境，對人際關係會有不良影響。父母凡事為孩子代勞，等於沒收孩子動手機會，將導致手眼協調性差，自理能力弱，益發懶得動手練習，責任感將喪失殆盡。等進入小學，如果讀書做功課都不夠積極，還會要求父母代作功課。到時候，再嚴加管教就來不及了，因為已經不是管教的問題，而是責任感和信心不夠，手眼協調不好，造成心有餘而力不足。遇到此類型幼兒，老師需要找父母來約談，除了分析依賴性強的嚴重後果以外，必須向家長說明改進策略，使家長了解平常即應鼓勵孩子自己的事要自己練習，共同討論生活規範，訂下生活公約，做到應及時獎勵，未做到則耐心指導。孩子如果耍賴，父母還需立場

堅定，必須完成一項任務後方可做其他事情，但是態度必須溫和才能贏得孩子合作。

要改變一項習慣並非易事，必須採漸進方式，標準不宜訂太高，當孩子每完成一項任務即誇獎孩子：「你好認真，所以你會了。」或「你長大了，會自己動手做，恭喜你！」而不宜用「能幹、好棒」等抽象形容詞，孩子才能了解自己努力的實質意義。畢竟父母才是孩子的第一個老師，幫助孩子建立良好習慣，是為了孩子將來走得更順利呀！

19 想顧家，又想成長的媽媽

我是一個上班族，閒暇時間仍想多參加一些進修活動，促進自我成長。為此，我常感不安，為了是不是該留在家裡陪孩子而在內心裡拔河。孩子的課餘時間，真的需要母親的全程陪伴嗎？

孩子的課餘時間是否需要母親陪伴，端看做母親的心態。如果與孩子在一起，雖然感覺比較辛苦，卻能享受孩子成長的樂趣，就應該珍惜與孩子共處的時光。如果除了上班之外，對自我成長的意願十分強烈，覺得陪伴孩子對自己是種浪費，因而對孩子缺乏耐心，使得對孩子的責備多於鼓勵，筆者以為：為了避免孩子受罪，大人也不好過，倒不如為孩子另作安排。

事實上，孩子的童年稍縱即逝，做為母親，若能在下班之餘，多陪孩子，與孩子談心，不但多播下愛的種子，對孩子也可多幾分了解。並且在母親與孩子對話的過程中，所傳達的成人智慧，更是具有潛移默化的作用。

孩子在小的時候，要是能打下良好的親情基礎，等於在孩子感情的撲滿裡，儲存了無比的財富，此乃無價之寶。孩子長大以後，才會懂得體諒家人及朋友，對家庭、對自己都比較有

責任感。這些不就是大人所期望的嗎？

父母應否多花時間陪伴孩子，不僅在於時間上「量」的問題，「質」的問題更重要。有的全職媽媽，每天對孩子嘮嘮叨叨，好管教卻沒有原則，結果孩子把父母的話當耳邊風。反之，有些職業婦女回到家，再忙，仍會抽時間指導孩子作功課，卻也能把孩子教導得循規蹈矩；也有不少家長利用週末假期，和孩子一起參加成人及兒童的進修班與才藝班。只要是適合孩子及自己的興趣與需要，就不失為兩全其美的辦法。但是，無論如何，家長都必須對自己子女的性向有充分了解，而不是由孩子來配合大人的作息。以筆者數十年從事教育的經驗，凡親子關係良好的孩子，其偏差行為較容易掌握，並能及時輔導改正，孩子自然比較不易變壞。是否需要全程陪伴，乃是「質」與「量」的問題，您能給孩子多少時間？請各位家長多斟酌吧！

和諧婚姻是幸福的基礎

父母用心經營和諧的婚姻，不但帶給自己喜悅，同時也能給孩子幸福愉快的家庭生活。

現今社會民主意識抬頭，許多人都能勇於面對挑戰，推銷自己或與人競爭，期望發揮個人抱負。雖然有競爭才有進步，競爭對個人、對社會有其正面意義，但是，卻也造就更多所謂的大男人與大女人主義者。人們變得現實而功利，婚姻變得重視經濟與地位，而不是美滿的婚姻關係。最後往往因而失去家庭和樂，造成家庭破碎，促使單親子女氾濫，孩子內心充滿悲哀。

事實上，男女雙方應該視幸福婚姻為事業成功的基礎，負起在家中應盡的責任，平常也不忘隨時讚賞對方所付出的用心，同時能彼此鼓勵與分享，促進雙方共同成長。否則，如果有一方不斷求進步，在心智上千錘百鍊，激勵出思想上大花碩果；而另一方卻成天守著家，或重複單調而刻板的工作，以平靜生活自滿。漸漸地，兩人在觀念溝通上發生困難，令一方乏味、無趣，心靈上缺乏共鳴，就很可能會造成婚姻上的危機，也直接帶給孩子精神上的不安全感。

如果本身是家庭主婦，不妨利用孩子上學時間，為自己營造成長的機會，如：閱讀、參觀，或學習某項才藝，與朋友交換心得，藉此拓展新知。同時藉著運動，使自己看起來如朝陽般的新鮮，不僅令自己喜悅，也令對方及周圍的人感到快樂。那麼，要婚姻不幸福還真不容易呢！

第五輯

幼教理念
實務篇

開放教育理念的基礎——彼此尊重

開放教育是一種理念的推動，並非屬於某一種教學法，所以它應該沒有固定的模式可循。正因為如此，許多學者專家及實務工作者，對於開放教育的詮釋並不完全相同。

筆者以為：實施開放教育，首重教師能開放心胸，如此才有雅量接納幼兒不成熟的表現，同時也樂於放下身段，成為幼兒談心的親密朋友。當幼兒感受到被尊重的喜悅，就能學習到如何去尊重他們周遭的人、事、物了。

一般而言，老師因為心胸不夠開放，才需要戴上一副權威面具，掩飾對自己、對學生的不安全感。在教室管理上，大多數老師會設定許多繁雜的規範來約束學生，說穿了，就是為了方便管理，但卻忽視因此會影響幼兒善良本質，這是一種權威式的作法。事實上，如果老師心胸愈開放，人為因素的限制也就愈少。近幾年，筆者在政大實幼推行「幼兒自我評量」，是基於對幼兒的尊重，把老師對幼兒評量的特權，交給幼兒自評，結果顯示：幼兒會經由思考後決定給自己獎賞或鼓勵。而經由自評的動作，幼兒認真、負責、誠實、坦蕩的態度也日益成熟，這不就是幼兒受到尊重以後，所啟發出來的真、善、美

嗎？例如：有一次見到一位小朋友在作自評時，猶豫良久，當週的規範是：「我會把玩具放入玩具櫃」，筆者問：「怎麼還沒決定好？」他回答：「我每次玩過玩具都會收好，只有一次因為上廁所，回來後，有人幫我收好了，不知道該不該給自己貼上貼紙？」筆者摟著他說：「噢，你好認真啊！如果你覺得前面幾次都收得很好，就應該給自己獎賞，如果對有一次沒收好覺得不滿意，就只好蓋『加油』了。」小男孩思考了一會兒，終於下定決心說：「算了！還是蓋加油吧！」讓筆者佩服不已。這對於五歲幼兒來說，是多麼成熟的行為！這位孩子是屬高標準型，自我要求比較嚴；也有小朋友常會忘記收，只記得收一次玩具，卻也給自己貼貼紙，因為他覺得自己有收就很了不起。雖然此類幼兒自己要求比較鬆，卻也不宜否定，那一次收拾的努力也值得鼓勵！您說是嗎？

在此開放的社會，民主意識濃厚，哄騙孩子的伎倆已過時，唯有建立彼此尊重的文化，才能讓民主的蓓蕾，及時在幼兒心中綻放。

「開放」與「放任」如何拿捏

提到「開放」，容易使人們聯想到「放任」。強調「愛的教育」的老師們，對於偏差行為的孩子，往往十分苦惱、束手無策，不知如何處理才不失愛的本質。

事實上，「開放」並不等於「放任」，而是老師心胸要開放，要有雅量接納孩子偏差行為，並且反應對偏差行為的感覺，繼而疏導。這麼一來，孩子未受到責罰，反而會自我調整而改進。筆者以為：老師若僅是容忍孩子偏差行為，自以為是基於愛而未加處理，這是放任也是縱容，孩子會以為他的行為被默許而依然故我，日久習以為常，要改就難了。

實例一則供讀者參考：曾有個被兩代寵壞的獨子，初來幼稚園，粗話及獨霸行為令全園老師困擾不已。有一天，看到筆者開門時忘了先拔下門上的鍊子，他隨口就說：「笨蛋！上面有鍊子你沒看見哪！推什麼推呀！」筆者回答：「謝謝你告訴我上面有鍊子（接納他），但是你說我笨，我很難過（反應感覺）。因為我不是一直很笨，有時候我也很聰明的（反應自我肯定）。」他突然拉一下筆者的手說：「對不起啦！」筆者隨即摟著他說：「因為你向我道歉，說對不起，所以我不再難過

了。」這是正面的教導。從此他就比較聽筆者的話，也成了筆者貼心的小朋友。後來他時常要求筆者蹲下來，起初筆者很納悶，為何要蹲下來，他說：「你蹲下來就知道了嘛！」當筆者順從他的意思蹲下來時，他在筆者肩膀上馬殺雞幾下，然後問筆者：「你舒服嗎？」由此可見，以開放心胸、接納的態度，加上良好的溝通方式，必能引導孩子求善。事實上，因為筆者沒有責罰他，他一直為他不禮貌的行為在作善意回報。自然每當他為我馬幾下後，筆者也親親他的臉頰回應他的「愛心」。

每個孩子都有一顆熱忱的心，善良的本性，但也有放縱自己的奔放衝動，只要不妨礙別人應可以允許。如果對事不負責任或有攻擊性行為，老師仍必須堅定立場，態度溫和輔導孩子為自己行為負責，或沒收某種享受的權利，但絕不宜動怒，因為處罰需針對行為而不宜作人格的批評，這才是開放教育行為教導中最重要的一環。

風琴教唱的後遺症

許多幼稚園老師在實施「風琴教唱」時，都要求幼兒大聲唱以示認真，帶給幼兒的訊息是：「認真唱就是要大聲唱，大聲唱才是乖寶寶。」每個幼兒都希望成為老師的乖寶寶，結果個個拉開嗓門大聲「吼唱」，歌聲掩蓋了琴聲，老師便使勁踩風箱板，使風琴聲大到極限，讓琴聲反制幼兒聲浪。有的幼兒也感到耳朵受不了，便只好雙手摀著耳朵吼……。

為什麼幼稚園老師對這種現象無動於衷？理由是：老師太重視「教學效果」，忽視幼兒「學習過程」。結果，幼兒不但失去唱歌樂趣，對聲帶更有不良影響，此等教育實在不值得鼓勵。

多年來，幼稚園的風琴教唱，不知傷害了多少幼兒的音樂細胞及聲帶，風琴也成為控制幼兒行動的手段。為了方便教室管理，老師往往利用琴聲建立各種集體行動的訊號，例如：動態活動後要靜態，老師大多是彈著催眠曲，要求小朋友趴在桌上休息，其實小朋友非常無聊的雙腳在桌下踢來踢去自娛；靜態不一定都是趴在桌上休息，可以聽故事、看圖畫故事書等。封閉式的教育，表面上看來頗為合作，其實背後隱藏了多少認命與無奈，不但造成未來與老師對立的心態，降低學習效果，

連內在學習動機與興趣，也將蕩然無存。

開放式教育的教唱活動，大多是利用錄音帶，老師與幼兒一起聆聽、欣賞，等調子聽熟悉了，老師偶爾從旁提句，最後老師與幼兒一起歡唱。如果問幼兒：「誰教你唱的？」幼兒會得意的回答：「是我自己教自己的。」多麼有自信哪！老師跳出風琴教唱的框框，可以和幼兒玩在一起，真正成為幼兒的玩伴，更能給與幼兒邊唱邊玩的樂趣。

如何暢通親師溝通管道

社會最大病源首推人們貪得無厭，其次是溝通的問題。人與人之間相處如能良好溝通，方能知己知彼，建立良好友誼。家庭與學校想要達到教育共識、共同負起教育責任，必須透過溝通，方能順利達成教育使命。

溝通的基本原則是從心開始，古有名訓：「心誠則靈。」雙方唯有感受對方的真誠，方能退一步而海闊天空；否則再好的溝通技巧也沒有用。家長大多會站在個人立場向校方提出要求，校方若以維持教育尊嚴為由堅持立場，必造成相互對立；如能排除執著與偏見，婉轉溝通，很可能會有圓滿結果。把握良好溝通氣氛，便可避免意氣爭辯。尊重對方的反應，遇有失當事件，必須勇於認錯，才能使對方釋懷；如能進一步發揮幽默感，定能峰迴路轉，柳暗花明又一村。

為贏得家長密切配合，學校必須建立多元化溝通管道，例如：舉辦新生家長說明會，介紹辦學理念及教育方針，成立家長成長團體、聯誼會，舉辦親子活動，利用親子烤肉，圍爐談心（吃火鍋）與家長話家常等，在輕鬆愉快的氣氛中交換意見，在心得分享中，增長彼此心得與智慧，建立濃郁親師情誼。其他如編印親職教育專輯、親子手冊、學校通訊，遇特殊

情形隨即個別訪談，定時開放電話叩應等，都是暢通溝通管道的方法。只要把握以上溝通原則與技巧，相信學校與家庭之間必然和諧，能共同為孩子教育全力以赴。

淺談親師溝通

老師和家長，同樣扮演教育孩子的角色，只是老師恐怕要比家長多一份心理負擔。因為孩子的危機意識較弱，老師隨時擔心萬一有點兒閃失，如何面對家長？如果家長能體諒老師的這份心，在溝通態度上加以尊重，老師對未來工作也能多一份信心。

擔當教職重任的老師，應該敞開心胸，排除防衛心理，包容家長對孩子的關切，但是也不能失去立場，一味迎合家長所提出的「過分」要求。例如：「我的孩子會吸吮手指頭，希望老師能盡快幫他改正過來。」這種情形如果發生在歐美先進國家，老師會回答家長：「這習慣是你把他養成的，如果你非常介意，請回去幫他改正後再送來。」而國內老師則是儘管內心憂慮，口裡還是回答：「好！我一定盡力。」事實上，老師心裡很明白，如果家長不配合，教育效果必定不彰。一段時間後，家長若來驗收成果，老師內心必然「羞愧中夾雜著怨氣」。因此面對家長種種要求，老師應秉持專業素養及立場，耐心說明，但也不可視為「找碴」。與家長溝通的原則：

1. 首先對家長撥空來園表達感謝，使對方覺得這次約談十分重要。

2. 向家長敘述孩子個案實際情形，但不宜作任何評語，只能報告事情經過。

3. 家長在說明時，必須神情專注的傾聽，不宜中途搶話，並且記錄家長談話要點，做為日後改進依據，或設法向家長說明不能配合的充分理由。

4. 如果校方有不當的處理方式，必須勇於認錯，不可推諉。談話時更須運用同理心，以避免對立。

5. 為沖淡緊張氣氛，應適度反應幽默感，才不會造成正面衝突。當然談話時最主要仍是秉持：「立場堅定，態度溫和」。

6. 談話應以對方的角度（同理心）去了解一切，不宜以自我意識形態否定對方的想法。

無論如何，「坦誠」最重要，如幼稚園能秉持「愛」的教育，心中有愛，幫助家長成為更稱職的父母，才能贏得對方認同，達到溝通效果。

溝通最大的忌諱就是息事寧人、避而不談，或堅持己見、態度傲慢，或語鋒犀利、使人難堪，如此必然喪失良好的溝通機會。唯有雙方坐下來冷靜對話，說明各自的訴求，接納對方意見，放棄個人意氣爭辯，才能化阻力為助力，不但對孩子的教育有利，家長獲得成長，無形中也樹立老師的專業形象。

愛遲到的父母

許多家長由於工作繁忙，或交通壅塞之故，時常會比較晚去接孩子，幼稚園老師就必須留下來為遲到的家長們「加班」。站在公平交易原則上來講，偶爾一兩次尚可諒解，如果經常很晚去接孩子，對老師來說太不公平了。

針對經常很晚到幼稚園接孩子的家長，園方應可採取付加班費的方式來應變，超過半小時或一小時，應付加班費，做為老師的交通補助費。因為有些老師必須趕回家做晚餐，或趕到夜校進修，適時的家長付點兒加班費讓老師坐計程車，也是合理的，彼此體諒嘛！

如果家長每日都無法按時接回，應設法委託鄰居或親友代為接回，因為這屬個人問題。老師上下班時數有其明文規定，一般幼稚園上班八小時，托兒所延長一小時，例如：幼稚園上午八點到下午四點，四點到五點已是加班時間，幼稚園會主動為家長加班，但五點以後就必須計時收費了。托兒所八點到五點，五點到五點半大多主動為家長延長加班，加班費由托兒所給付，五點半到六點半其中每半小時計費，由家長負擔。多數老師都不希望加班，因為八、九個小時下來，差不多已累癱了。尤其是必須進夜校進修的老師，每每因輪值晚班而上學遲

到，困擾不已。上班時數太長亦是幼稚園、托兒所老師流失的最大原因。明理的家長應考慮到：自己的問題不要讓他人承擔。家長若能對老師多一分體諒的心，老師才更有餘力，也更能以愉悅的心情來面對您的孩子啊！

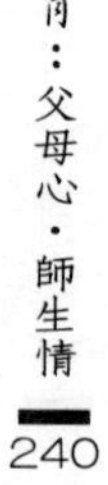

幼稚園辦郊遊，如何做好安全防範

幼稚園舉辦郊遊活動，目的是為了讓幼兒舒展身心、開闊視野，讓孩子接觸大自然，以取代抽象的記憶。由於孩子危機意識較薄弱，因此，維護安全的考量十分重要。

首先要決定的是郊遊地點，園長除了要了解郊遊地點的特色，或是派老師先行勘察地理環境以外，還必須要和全體老師研討注意及準備事項，以書面詳擬領隊及老師導護之權責內容、工友及保母配合事項等，並提供參與維護幼兒安全的愛心家長，每人一份幼兒名單，以備集合時清點人數用。

辦理平安保險

與遊覽車公司訂定旅遊意外事件賠償契約。當天必須檢查安全門、滅火器等安全設備是否完備。

明確的活動區域

如果郊遊地區遼闊，可分組定點遊覽，再輪流交換區域。為防止幼兒越區走失，可在某些樹幹或圍牆上做些明顯標識，以縮小活動範圍。

園方統籌餐飲

一切飲食最好由園方準備，並禁帶零食，否則幼兒難免邊走邊吃，不但分散行走注意力，也易生危險。孩子只要背一個背包，裝撿拾的標本、一套換洗的內衣褲，和一個水壺就可以了。

充裕的人力資源

請工友或保母隨隊輪流負責看管食物和衣物，讓老師、孩子及愛心家長玩得自在，也更能顧及孩子安全。

穿著一式的運動服

校外郊遊最好能穿著繡有園名的體育服裝，以便識別。

事先預演

出發前先演習集合訊號，安排大小班混齡編組。集合時大手牽小手，很快就能找到位置歸隊。

做好善後工作

郊遊結束時，請和孩子一起清理現場，做良好的環保示範。

其他校外教學活動，如：認識某處古蹟或自然生態，可以事先勘察整個環境，再拍下特殊標誌，例如：一棵桂樹或一個螞蟻窩、路邊的雛菊、一塊巨大石頭、一個石凳、小溝中漂流

的水草、蜘蛛網、古廟門神等，再印在一張紙上，讓幼兒人手一張，如有十個圖，即提供十張貼紙，每找到一項與畫面上相同的圖樣，可在圖的旁邊貼一張貼紙，如貼滿就算「作業」完成。這是除了遊覽以外另附的一項遊戲，每當幼兒找到便歡呼雀躍不已。這項活動也適合父母帶孩子一起玩。此時老師及協助維護安全的家長，除了扮演「解說員」的角色，更要注意孩子失控的行為，以防因為「成就感」所帶來的興奮而受傷。

無論如何，籌辦郊遊當然是希望孩子玩得快樂、安全；多一份事前籌畫的努力，才能多一份安全保障。

「畫到表」的意義與功能

早期幼稚園，教師上課第一件事便是點名，後來逐漸改用「生活日記圖」。筆者感於日記圖是人手一冊，缺乏分享，才在十五年前，基於開放教育的理念，設計「畫到表」，達到讓幼兒分享與自然學習的功能。雖然很多幼稚園也欣然採用，但也有的幼稚園老師嫌畫格子麻煩而放棄，這是因為對畫到功能缺乏了解所致。畫到的功能及意義簡單說明如下：

語文發展能力的培養

畫到表列有全班幼兒姓名（也可分組設計），幼兒可以在自己名字下的格子內畫圖，也可以發現許多姓名，文字部首相同，同姓或音同字不同等；無形中也學習認識同學名字，並向同伴敘述所畫內容，增進表達能力。

數概念的培養

畫到表上有阿拉伯數字及中國數字（日期、星期和小朋友的號別等），幫助小朋友認識數字的序列概念，分辨阿拉伯數字與中國數字的字形，關心當月的日期與星期，計算「出」、「缺」席人數，計算認識幾個同學名字。此外，從自己姓名與

日期的交集中，找出畫到位置，無形中培養空間方向概念，將數學應用在日常生活中。

小肌肉控制能力的培養

在四到五公分見方空格內畫簽到，可以提升小肌肉及手指末稍神經控制能力，練習手眼協調與運筆，對未來學習寫字有很大幫助。

美勞活動

在畫到空格內，自由畫出自己想像的圖畫，嘗試使用多種配色經驗，不但發展幼兒獨立思考與創作力，更由於同儕間可相互觀摩，培養出鑑賞美醜的能力。每月整理一次，一學期後再裝訂成冊，視為幼兒生活成長記錄，彌足珍貴。

社會行為發展

1. 情緒：在一定空格內作自我控制練習，養成專注力、耐心、細心等良好學習態度，幼兒可以自由宣洩自己的喜怒哀樂，舒展情緒，也讓老師對幼兒多一份了解。
2. 人際關係：認識同學名字，可增進良好人際關係。畫到時，學習輪流等待、彼此體諒，同時相互提醒畫到，彼此關心，達到和諧氣氛。
3. 自助能力：在自己名下畫到，學習自己的事自己完成，可培養責任感，了解當日事必須當日完成的道理。
4. 養成良好生活習慣：每日按時完成任務，並注意畫筆用後能放回原處，排列整齊，保持清潔。

以上畫簽到表的行為，為幼兒統整了多項的學習經驗。幼兒每日畫到時，留下當日心裡的感覺，逐漸體認文字、數學、數量、方向概念、人際關係、美勞活動及鑑賞等能力，尤其是抽象文字，更是在耳濡目染中，達到自然學習效果。每週畫完後，裁下來裝訂，成為幼兒個人成長的軌跡，值得保留。如果幼稚園仍然停留在人手一冊的「日記圖」，則以上畫到的許多教育功能必都無法達到，十分可惜。

筆者曾經看到有些曾輔導過的幼稚園，為了避免畫格子的麻煩，改為一星期一張，每張事先印好數個格供幼兒畫到，照樣展示在佈告欄上供幼兒欣賞，學期終了，再彙集裝訂成冊，也不失為很好的變通辦法。

9 淺談「探遊區」、「學習角」與「角落教學」

「探遊區」或「學習角」，其目的都是為了方便幼兒自我取捨，進而自我學習，養成獨立思考，達到自我教育的目的。豐富而多元化的設備，分別布置在各種不同的探遊區或學習角，是為了尊重幼兒的選擇自由，讓幼兒因有所發現而探索，滿足好奇心和求知慾。另一層意思是，讓幼兒在探遊過程中，發現自己與人、事、物的互動關係，同儕間相互學習，增進溝通能力等利於社會行為的發展。

所謂「角落教學」到底是什麼？筆者遊走歐美國家，觀察過數十所幼稚園和托兒所，發現確實有些幼稚園，除了幼稚園導師外，另有專門的語文（包括戲劇）老師和自然科學老師，固定在語文角及自然科學角做專門指導。令筆者印象深刻的是：曾有位自然科學老師，抓住一條大蛇，在科學角供幼兒測量蛇的長度與體積。在國內，幾乎很少有專精某一科目的老師，每日固定在某一個角落做專門指導，所以在國內也引用「角落教學」一詞，並無實質意義；反而讓有些老師，因顧名思義，以為學習角也必須配合主題或單元，來從事「角落教學」活動，結果，濃厚的教學取向，形成知識灌輸，強調對與

錯，已完全失去開放教育精神。因此筆者用「角落探遊」一詞代替「角落教學」，以求更合乎開放教育「自由」與「尊重」的基本精神。也有許多老師為求管理方便，想出各式花招限制孩子學習自主，有時會以輪流方式讓孩子去玩某個學習區，有時乾脆關閉學習區以示懲罰，也有的全園四、五班只有一個共同學習教室，每星期只能輪到一次去探遊。以上種種已失去開放教育「尊重」原則，也失去學習區成立的實質意義。不過，如果老師對開放理念從未涉獵，而有心朝這方向去作，透過各種方法邊作邊學習，一旦領略箇中道理即作調整，這是值得鼓勵的，畢竟邊作邊學習，總比自以為是、一成不變要好得太多了。

幼稚園如何落實環保教育

二十年前，何謂「環保」？大家似乎連聽都沒聽過。二十年後的今天，「環保」意識由歐美國家「進口」，臺灣響應的腳步雖然慢了一點兒，但是在有心人士的呼籲，及政府有關單位努力推動之下，國人對「環保」的概念是有了，可惜大多只是「心動」而缺乏「行動」，許多人抱著：「已經有很多人重視環保了，不缺我一人。」的心態。「萬年垃圾」保麗龍仍然被人們廣為採用。二十年前家庭主婦上菜市場買菜，人人手提菜籃，如今已不復見。國人缺乏公德心的行為早已司空見慣，即便是看不慣，也只在背後丟下一句：「真沒公德心！」隨即揚長而去。深感想要改變成人陋習真是比登天還難，不如從幼兒著手，透過各項活動，把環保意識注入幼兒心靈，將來才有可能與環保意識產生共鳴，進而由「心動」邁向「行動」。

提供合乎環保軟體設備

室內儘可能採用木質、布質、紙類等玩具或教具，避免用塑膠類的教具和玩具。

資源回收重複使用

廣為收集各種廢棄物，如：包裝紙、月曆紙、空盒、空罐等加以再次利用，亦可作為提供幼兒發揮創造力的材料。

確實作垃圾分類

讓垃圾分類成為幼兒日常生活的一部分，並實驗垃圾不分類與分類後的兩種不同結果。

參觀活動

規畫環保方案，帶領幼兒參觀附近河川及汙染源，與幼兒研討原因及改善之道，同時尋找周遭環境的汙染源，付諸清掃行動。

活動廣告

配合校外教學活動，幼兒穿著自製背心，成為宣傳的活動廣告。如此除了可以滿足幼兒遊覽樂趣，也同時達到宣傳效果。

設計「請爸媽作環保」的評量表

讓幼兒評量父母是否已配合做環保工作，發現父母做到「環保」，除了親一下父母以外，並在評量表上為父母畫一個○，未作到畫一個×。借助孩子的力量，隨時提醒父母。

清潔大掃除

每週定期由師生合力做環境清潔活動，讓整理和清理工作，成為幼兒生活教育的一部分。

好習慣如果從小培養，要改掉也不容易，做環保也是同樣的道理。

缺乏信心的孩子

孩子總是在上美勞課的時候說：「我不會。」老師該如何引導這樣的孩子？

孩子上美勞活動的時候，總是說：「老師，我不會！」這句話，不同的孩子會有不同的心理因素，輔導的老師須了解孩子的個性及內心渴望，方能幫助孩子克服「老師我不會」的反應。以下便是幾種不同的心理反應：

1. 缺乏信心，擔心自己畫得不夠好。
2. 擔心被比較，有失面子，尤其是好勝心強的孩子。
3. 缺乏生活經驗，不知道應該從何下手。
4. 有過動傾向的孩子，坐不住，對於靜態活動都比較沒興趣。

老師引導方式

1. 先與孩子討論，進行了解不會的真正原因。
2. 跟孩子說：「老師小時候也不會，後來慢慢練習才學會了。」
3. 鼓勵孩子：「不要擔心畫不像，因為我們的『畫筆』不是

『照相機』。」

4. 帶孩子到戶外實地觀察，一方面充實生活的經驗，另一方面舒展一下筋骨，然後才比較能專心作畫。
5. 提供多樣化素材，供幼兒任意選擇，如此作畫比較沒有壓力，也可能有更多創作空間。
6. 如果是三歲幼兒，只要動手，就給與拍手鼓勵，毋須評論，更不宜批評。
7. 如果是四、五歲幼兒，不妨帶他們參觀三歲幼兒作畫，他們自然會覺得自己已經很不錯了，可以增強信心，同時體會：每個人都是從塗鴉開始。
8. 玩一些抽象的繪畫遊戲：如滾珠畫、吹泡泡畫、凸印畫、拉線畫、對應畫等，雖然都是技巧的指導，卻各有意想不到的效果，比較能增強信心。

總而言之，幼兒階段的任何學習，重要的是培養興趣，而非驗收成果。等興趣激發出來以後，沒有成果也很難呢！

不肯睡午覺的孩子

許多父母或幼稚園老師，每當孩子們用完午餐，就讓孩子去午休，如此大人才有喘息的機會。孩子裝滿一肚子食物尚未消化，必然睡不著，也不舒服。如果要安排孩子午睡，必須在飯後先自由活動一小時，然後請小朋友躺下來，聆聽故事，十五分鐘以後再播送室內音樂。如此，小朋友才能安然入睡。

如果小朋友不肯午睡，把他單獨留在教室，值班的老師就必須裡外兼顧；強迫小朋友睡覺，結果一定弄得彼此不愉快。對於不喜歡午睡的小朋友，老師不妨先跟他討論：如何避免吵到午睡的小朋友？如果願意單獨留在教室，應該玩什麼才能保持安靜？例如：玩油土、穿木珠、剪貼、畫圖、看書等靜態活動；或請他躺著休息，不睡沒有關係，只要不吵別人，不一定要閉上眼睛。筆者曾把十多位不肯午睡的小朋友，帶到另一活動室，然後跟孩子們約法三章：

第一，可以從事看書、畫圖、摺紙、剪貼、穿木珠等靜態的活動。

第二，除了上廁所、喝水之外，都不可離開原地。

第三，有話要說只能輕聲細語，如大聲說話吵到睡覺的小朋友便得去睡覺。

結果不到一星期，不睡的孩子愈來愈少，最後只剩一位真正不午睡的小朋友，他居然說：「一個人太無聊，還是去躺著算了！」從此，沒有人吵著不睡覺。其實孩子並非對工作沒有興趣，而是不能大動作，違背了好動本性，太靜了反而產生疲勞，小朋友如受到老師的尊重，睡或不睡大多能遵守約定。重要的是：值班的老師絕不可躺下，否則可能小朋友尚未睡覺，老師卻先睡著了，萬一出了什麼狀況，再去埋怨或責備小朋友，則是不負責任的態度。老師若能清楚自己的職責所在，全力以赴，許多問題必能迎刃而解。

孩子們的「性」遊戲

學齡前幼兒玩弄性器官的行為十分普遍，在幼稚園和托兒所中，只要老師多關心孩子的睡姿，不難發現約有三分之一的孩子有此行為。但是，成人絕不可以有色眼光來看待孩子們的性遊戲，更不宜用手淫的字眼來形容孩子玩弄性器官的行為。幼兒這種行為與成人的「性趣」不可相提並論，他們只因寂寞無聊時，偶爾碰觸身體部分的敏感地帶，便會不自覺的玩弄起來，也滿喜歡那種「特別」的感覺。如果讓孩子生活中充滿樂趣，運動量足夠，這種行為一定會減少，孩子玩夠了、累了，也就倒頭睡了。

性教育宜及早開始，在孩子三到五足歲階段，即應實施性教育。例如親孩子時，只能親臉頰、額頭、鼻子等，不可以親嘴巴，表示嘴巴只有當了新郎或新娘以後才可以親，尤其是女孩子，將來交異性朋友，感情未成熟就與異性熱情擁吻，最易倒入男性懷中，若因而造成失足，就悔之晚矣！平日父母如能與幼兒共浴，為了滿足孩子好奇心，也可隨機的適時回答有關性教育問題，例如孩子問：「為什麼你那裡有毛，我就沒有？」可回答：「摸摸你的嘴巴，再摸摸爸爸的嘴邊有什麼不一樣？」「如果你嘴巴長鬍鬚，那麼你那裡也就會長毛了。」

孩子問：「為什麼你的比我的大？」可和孩子比腳丫，「如果你腳丫跟爸爸一樣大，你的雞雞就會跟爸爸一樣大了。」……「你的奶奶為什麼比我大？」回答：「因為女生長大結婚後要生小孩、要餵奶，所以女生變大人，奶奶就會長大。」……自小讓孩子對異性性器官有初步了解，有助於減少因好奇而自我探索的行為。

發現孩子玩弄性器官，應以平常的語氣說：「請你去拿某某東西」或「我們來玩某某玩具」，以轉移孩子的目標。睡覺時請孩子把手放在被褥外。凡事多一分關心，平日多充實孩子的生活內容，減少責備、埋怨與壓力，相信孩子的興趣必會轉移到其他活動上。事實上，玩弄性器官如果只是偶有的現象，無須介意，這並不會影響孩子的健康；怕的是大人的輕蔑語氣，才會傷害孩子自尊心，進而影響健康人格發展。因此，性教育必須及早開始，否則如果孩子再大一點，想問而不好意思問，一旦開始自我診斷就更危險了。

14 怎樣教孩子學會禮讓

禮讓是一種成熟的行為，要求孩子懂得「禮讓」，是一種苛求，千萬不要以為有了老二，老大就應該懂事，畢竟他還是一個「小小孩」呀！父母愈要求禮讓，他愈會覺得「愛」及「所有權」受到剝奪，開始沒有安全感，不肯禮讓的行為會更加堅持。老二要老大的東西，母親可以替老二向老大徵求同意，如果老大願意借，請擁抱他，誇獎他。如果老大不肯借，只有把老二抱走，並且故意說給老大聽：「這是哥哥／姊姊的東西，哥哥／姊姊不借，你只能玩別的。」老大聽到耳裡，會感激在心裡，因為他覺得受到尊重，說不定會大方的改變原意，反而願意將玩具讓給老二玩，或許還會更進一步說：「這個你要不要？」「還有這個，統統給你！」孩子對父母的愛、體諒與尊重十分在乎，因此，如大人執意要孩子禮讓，孩子便學會自私、計較，也會排斥老二，愈大愈嚴重，使家庭變成戰場，難有寧靜之日。此外，絕不能因為老二哭而得逞，那樣只會逐漸養成獨霸個性。培養孩子尊重所有權，不但是學習待人接物的禮貌，也能增進手足良好情誼，同時也建立是非概念，不可不慎！

從遊戲中學習

許多學者專家都認為「玩」就是孩子的「工作」，意思就是強調「玩即學習」，可見玩是孩子的天性，同時也反應了這個階段「玩」的重要性。何況能「玩」表示孩子很健康，更可以從玩樂中建立遊戲規則，充實生活經驗，促進手眼協調等。孩子如果對玩不感興趣，或是覺得累了，自然就不玩了。在安全條件許可之下，大人實在不必加以干涉或焦慮。但是不希望孩子玩得過頭，累了之後就沒有餘力去收拾玩具，不妨提前提醒孩子收玩具。假如孩子缺少時間觀念，可以利用兩三分鐘沙漏，它漏完了就得收玩具了，比較能使孩子具體了解時間觀念。對三歲半的孩子，父母如果適度介入，跟孩子一起玩，最後一起收拾整理，不但可以增加孩子玩的興趣，也可以讓孩子學習到玩的禮貌以及整理的好習慣等。如果進一步跟孩子討論玩的感覺，檢討如何分類收拾，更是為孩子的良好習慣及早打基礎，將來才可體會到如何收拾文具用品、衣物等。「討論」不僅可以培養孩子語言組織能力、表達意願，更能增進孩子表達能力及親子親密關係，何樂不為？千萬不要以「沒有時間」為由，而喪失了親子互動的良機。

淺談幼稚園畢業典禮

歷年來，幼稚園畢業典禮大多比照小學畢業典禮的儀式，安排首長來賓上臺說些孩子們聽不大懂的話，造成老師為了維持秩序而感到困擾。接著小朋友上臺背誦大人擬好的講稿，給人感覺十分的不真實。最後的餘興節目，更是兩三個月前就開始排練，不斷被老師糾正的結果，孩子們的音樂及舞蹈細胞，在老師求好心切之下被破壞殆盡。多年來的畢業典禮，幾乎都是為家長而舉辦，孩子成了典禮中的活動道具。

以下筆者僅就室內畢業典禮的過程，提供幾點不同的建議：

1. 典禮開始時，孩子穿著自己認為最滿意的服裝，隨著輕快的音樂，和著家長的拍掌聲步入會場，隨即頒發準備好的畢業禮物（包括生活照片、紀念冊及祝福片語等）。
2. 園長及全體老師、保母，輪流向小朋友說幾句祝福的話。
3. 家長代表向全體老師和保母說一點兒感言，或贈送紀念品留念。
4. 全體畢業小朋友輪流上臺說幾句畢業感言，簡單而感性的說出心裡的感覺，曾經有小朋友說：「我畢業了，長大了，不會再半夜跑到爸媽床上擠了。」有的說：「我畢業

了，不要媽媽餵飯，我要自己餵自己。」也有的說：「我畢業以後會想老師，請老師天天到我家來玩，要不然就去小學教我們。」童言童語使室內充滿陣陣笑聲。

5. 畢業小朋友向全體老師行「謝師禮」，向家長行「感恩禮」，向同學相互行「惜別禮」。禮成後，由家長輪番上臺表演餘興節目，讓孩子充分享受父母為他所展現的另一種輕鬆有趣的才藝，例如：有的爸爸打扮成魔術師表演魔術，母親跳西班牙舞等。最後茶敘活動，由畢業小朋友首先享用，再招待老師及父母享用，畢業典禮在溫馨的惜別音樂聲中結束。

相信任何幼兒活動的安排，若能以孩子為考量，必能讓孩子獲得真正的快樂成長。

（畢業典禮乃專為畢業生而舉辦，在園生可以不必參加，也可以提前在園內舉辦歡送會，以免因坐不住而擾亂秩序。）

【附錄】

父母親對子女教育的自我評量表

請思考一下，「您會為孩子不乖而生氣嗎？為什麼孩子使您生氣？我們思考過孩子偏差行為背後所隱藏的原因嗎？我們是否用心去扮演為人父母的角色？我們平時所作的努力是否得宜？」以下評量表，只是提供父母角色功能自我評量的參考。與孩子相處時，感覺困擾之處，正是我們思考對策的時候。不妨與孩子親切的溝通，研討出彼此都能接受的方式。相信，在民主與尊重的前提下，必能經營出家庭和諧的氣氛，使孩子在愛與學習的環境中成長茁壯。

以下每一項，「做得非常好」給 4 分，「做得很好」給 3 分，「偶爾做到」給 2 分，「完全未做到」給 1 分。請開始評量吧！您會得到多少分呢？

(　) 01. 我每日會擁抱我的孩子，使孩子能感受到被愛的幸福。

(　) 02. 我每日會向孩子道早安、晚安及其他禮貌用語，以身體力行「禮貌教育」。

(　) 03. 我每日耐心傾聽孩子的敘述，並反應傾聽，使孩子有備受重視的感覺。

(　) 04. 我每日抽空陪孩子玩，至少二十分鐘以上。

(　) 05. 我會關心孩子的異常行為，及時與孩子懇談，進行了解，尋求輔導對策。

(　) 06. 我在處罰孩子的過錯前，必先了解孩子犯錯的原因。

(　) 07. 我在處罰孩子時，以不傷害孩子的自尊心為原則。

(　) 08. 有必要實施處罰時，我是處罰孩子的不當行為，而不是孩子的人格。

(　) 09. 孩子如果犯錯，我絕不大聲苛責，而能耐心疏導。

(　) 10. 我不只愛孩子，並且能尊重他們的思考模式，偶爾表達意見供其參考。

(　) 11. 當孩子耍賴或做無理要求時，我仍然能堅持原則，但態度保持溫和。

(　) 12. 當孩子「偷」拿東西時，我接納孩子的行為是基於其對物權觀念不清楚，而不視為「偷」的行為。會向孩子表達行為後果，反應感覺。

(　) 13. 我經常與孩子的老師保持聯絡，以了解孩子在校的生活情形。

(　) 14. 孩子在從事某項學習活動時，我不會去干擾他。

(　) 15. 我儘可能與家人共進早餐和晚餐，而減少在外的應酬。

(　) 16. 我相信大量運動有助於孩子未來學習的耐力與專注力。

(　) 17. 為了避免孩子挑食，我不會問孩子說「你要吃什麼？」而是說「請你吃這個。」立場堅定，態度溫和。

(　) 18. 對孩子爽約時，我會主動向孩子道歉。

(　) 19. 我會幫助孩子獨立自主，而不會凡事代勞。

(　　) 20. 我相信行為良好的孩子，是因為有良好的家庭教育。

(　　) 21. 我教導孩子與人和睦相處，而不是以牙還牙。

(　　) 22. 我樂於參加學校的成長團體或讀書會、親師座談等活動。

(　　) 23. 我常計算孩子的優點，而不去數落孩子有多少缺點。

(　　) 24. 我常教導孩子要孝順長輩、待人有禮貌、凡事心存感恩。

(　　) 25. 我平時即盡力做到：「讓孩子愛得夠、玩得夠、笑得夠」。

＊如果您得到八十分以上，恭喜您，不愧為合格的父母親。

＊如果未能達到八十分的爸爸媽媽，請加油！

＊每隔三個月，再評一次，是否更進步了？

有進步別忘了為自己鼓勵喲！

填表日：____年____月____日

國家圖書館出版品預行編目資料

親職教育：父母心・師生情／蘇愛秋著. -- 初版. --
臺北市：心理, 2003（民92）
面； 公分. --（親師關懷；17）

ISBN 978-957-702-580-7（平裝）

1. 親職教育 2. 學前教育 3. 育兒

528.21 92004524

親師關懷 17 親職教育：父母心・師生情

作　　者：蘇愛秋
執行編輯：陳文玲
總 編 輯：林敬堯
發 行 人：洪有義
出 版 者：心理出版社股份有限公司
社　　址：台北市和平東路一段 180 號 7 樓
總　　機：(02) 23671490　傳　　真：(02) 23671457
郵　　撥：19293172 心理出版社股份有限公司
電子信箱：psychoco@ms15.hinet.net
網　　址：www.psy.com.tw
駐美代表：Lisa Wu　tel: 973 546-5845　fax: 973 546-7651
登 記 證：局版北市業字第 1372 號
電腦排版：辰皓國際出版製作有限公司
印 刷 者：翔盛印刷有限公司
初版一刷：2003 年 4 月
初版三刷：2008 年 1 月

定價：新台幣 250 元

ISBN 978-957-702-580-7

讀者意見回函卡

No. ______　　　　　　　　　　　　　　填寫日期：　年　月　日

感謝您購買本公司出版品。為提升我們的服務品質，請惠填以下資料寄回本社【或傳真(02)2367-1457】提供我們出書、修訂及辦活動之參考。您將不定期收到本公司最新出版及活動訊息。謝謝您！

姓名：____________　性別：1□男　2□女

職業：1□教師 2□學生 3□上班族 4□家庭主婦 5□自由業 6□其他____

學歷：1□博士 2□碩士 3□大學 4□專科 5□高中 6□國中 7□國中以下

服務單位：__________ 部門：________ 職稱：________

服務地址：______________ 電話：______ 傳真：______

住家地址：______________ 電話：______ 傳真：______

電子郵件地址：____________________

書名：____________________

一、您認為本書的優點：（可複選）

❶□內容 ❷□文筆 ❸□校對 ❹□編排 ❺□封面 ❻□其他____

二、您認為本書需再加強的地方：（可複選）

❶□內容 ❷□文筆 ❸□校對 ❹□編排 ❺□封面 ❻□其他____

三、您購買本書的消息來源：（請單選）

❶□本公司 ❷□逛書局⇨______書局 ❸□老師或親友介紹

❹□書展⇨____書展 ❺□心理心雜誌 ❻□書評 ❼其他________

四、您希望我們舉辦何種活動：（可複選）

❶□作者演講 ❷□研習會 ❸□研討會 ❹□書展 ❺□其他______

五、您購買本書的原因：（可複選）

❶□對主題感興趣 ❷□上課教材⇨課程名稱______________

❸□舉辦活動　❹□其他______________

（請翻頁繼續）

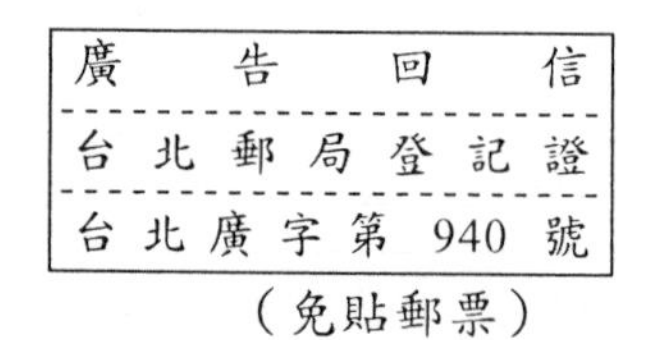

（免貼郵票）

心理出版社 股份有限公司

台北市 106 和平東路一段 180 號 7 樓

TEL: (02) 2367-1490
FAX: (02) 2367-1457
EMAIL:psychoco@ms15.hinet.net

沿線對折訂好後寄回

六、您希望我們多出版何種類型的書籍

❶□心理 ❷□輔導 ❸□教育 ❹□社工 ❺□測驗 ❻□其他

七、如果您是老師，是否有撰寫教科書的計劃：□有□無

書名／課程：＿＿＿＿＿＿＿＿＿＿＿＿＿＿＿＿

八、您教授／修習的課程：

上學期：＿＿＿＿＿＿＿＿＿＿＿＿＿＿＿＿

下學期：＿＿＿＿＿＿＿＿＿＿＿＿＿＿＿＿

進修班：＿＿＿＿＿＿＿＿＿＿＿＿＿＿＿＿

暑　假：＿＿＿＿＿＿＿＿＿＿＿＿＿＿＿＿

寒　假：＿＿＿＿＿＿＿＿＿＿＿＿＿＿＿＿

學分班：＿＿＿＿＿＿＿＿＿＿＿＿＿＿＿＿

九、您的其他意見

謝謝您的指教！

45017